ゴルフ体幹革命

関 浩太郎
Seki Koutaro

驚くほどスイングが変わる！

PHP

はじめに

こんにちは！　ゴルフインストラクターの関浩太郎です。

いきなりですが、なぜ体が小さくて非力な女子プロが、男性のアマチュアゴルファーよりはるかに飛ぶのだと思いますか？

小さい頃からゴルフをやっているから、クラブの使い方が上手いから、毎日練習しているから……。なるほど、どれも正解です。でも、それは結果であって理由ではありません。

理由はズバリ、**体幹を使っているから**です。小さい頃からやっているから体幹を使えるし、体幹を使えるからクラブを使いこなせる、というわけです。本書では、体幹を使うとはどういうことなのか、どうすれば使えるのかを紹介していきます。

体幹を使うとゴルフが変わります。飛距離、正確性、安定感、打感、インパクト音などすべてが変わる。体験者の方からは「打感がすごく気持ちよくなった」「球が軽く飛んでいくようになった」といった感想が多く寄せられています。

自分に合ったクラブやボールも見つかります。シャフトのしなりやボールのスピンを感じないのは、下手だからではなく腕に力が入るから。体幹を使うとこれがなくなるので、どんな道具が自分にフィットするかがわかるのです。

変化も早く出ます。本書を読んでちょっと打っただけで変わる人もいるでしょう。定着するまでの時間は人それぞれかもしれませんが、打った瞬間、「なにこれ！　全然違う！」となる。１～２カ月もすればスコアも劇的に変わるでしょう。

ちょっと挙げただけでも、これだけのメリットがあるのですから体幹を使わない手はありません。いいことずくめの体幹スイングを一刻も早く覚え、本当の意味でゴルフを楽しんでいただきたい。その一心で書いたのが本書。お役に立てるものと確信しています。

関　浩太郎

驚くほどスイングが変わる！
ゴルフ体幹革命

目次

第2章 体幹スイングのメカニズム

第3章
体幹スイング体感レッスン

第4章

体幹スイングを生かすアドレス&グリップの条件

第5章

体幹スイングが身につく練習ドリル

序章

体幹を使えばすべての
ゴルファーがもっと飛ぶ!!

女子プロやシニアプロが飛ぶのは体幹を使っているから

スイングは次の2つに分かれます。

1　体幹を使わないスイング

2　体幹を使うスイング

1には飛ぶ人と飛ばない人がいます。飛ぶ人は若いかパワーがあるか、その両方か。2には飛ぶ人しかいません。女子プロやシニアプロ、年をとっても飛距離が落ちないアマチュアの方は例外なく2です。

体幹を使わないスイングとは、いわゆる〝手打ち〟のこと。いまは飛んでいても、いずれ飛ばなくなります。反対に体幹を使えば、年をとってパワーが落ちてもさほど飛距離は落ちません。さて、あなたのスイングはどちらか？　さっそくテストで確認してみましょう。

体幹を使うスイング、使わないスイング（手打ち）年齢と飛距離の関係

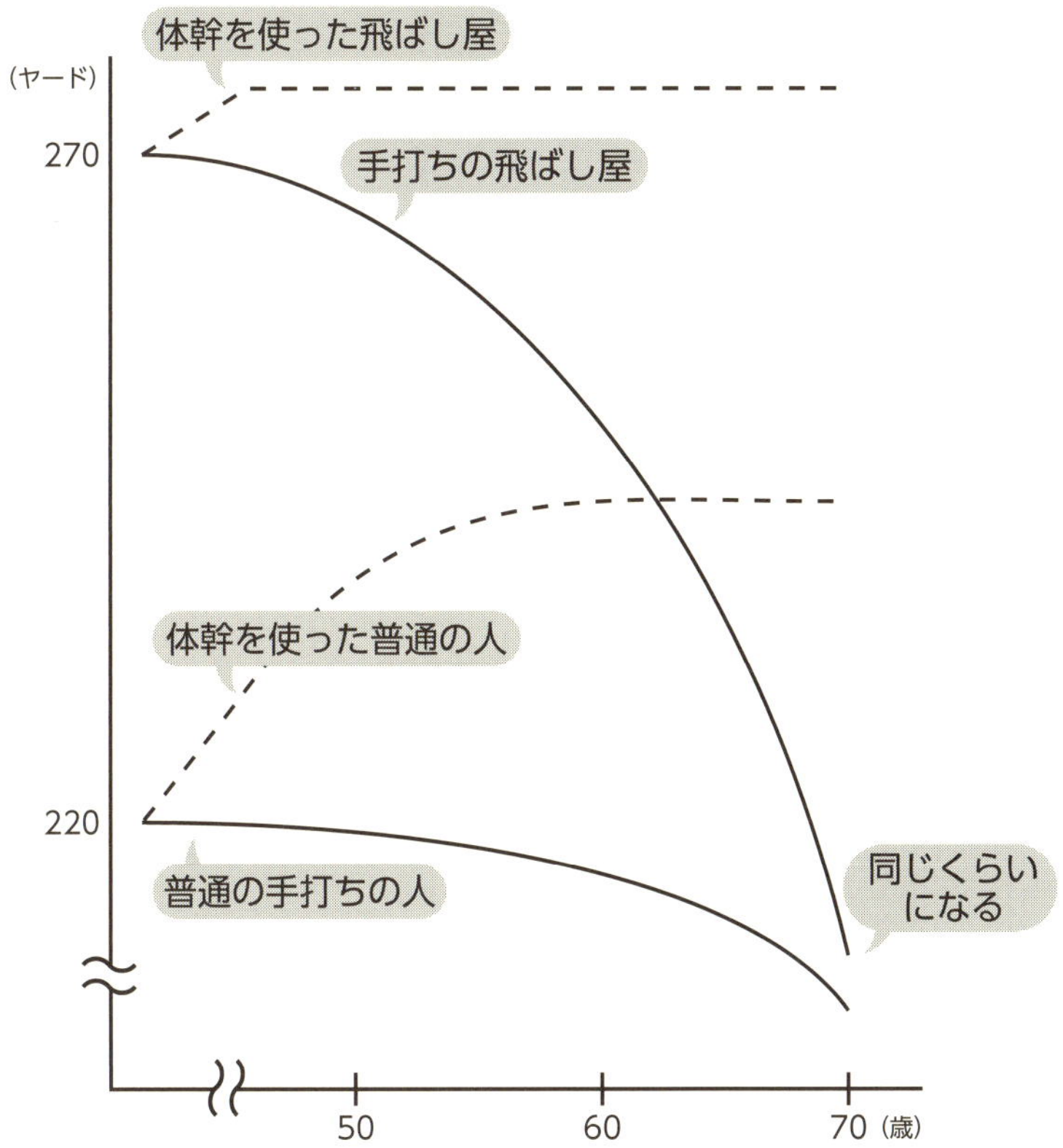

飛ばし屋もそうでない人も、体幹を使って打てると年をとっても飛距離が落ちない。やり方次第では飛ぶようにもなる。これに対して手打ちの人は、加齢にともない確実に飛距離が落ちていく

テスト　柱をつかんでスイングの動きをしてみよう

スイングで体幹を使えているかどうかは、次の手順で簡単なテストをやればわかります。

1　太い柱など動かないものを両手でつかみアドレスのイメージで構える

2　柱を右に動かすつもりで押す

3　柱を左に動かすつもりで押す

1は誰でもできますが、2と3では人によって違いが出ます。柱を動かそうとしたときに、体のどの部分を使うかです。

2はアドレスからバックスイング、3はダウンスイング以降のスイングアクションと重なります。2から3と順を追ってやっていただき、自分はどこを動かしているのか、動く瞬間どこに力が入っているかをチェックしてみましょう。

1 太い柱など動かないものを両手でつかみ アドレスのイメージで構える

押せないよ！
57

2 柱を右に動かすつもりで押す

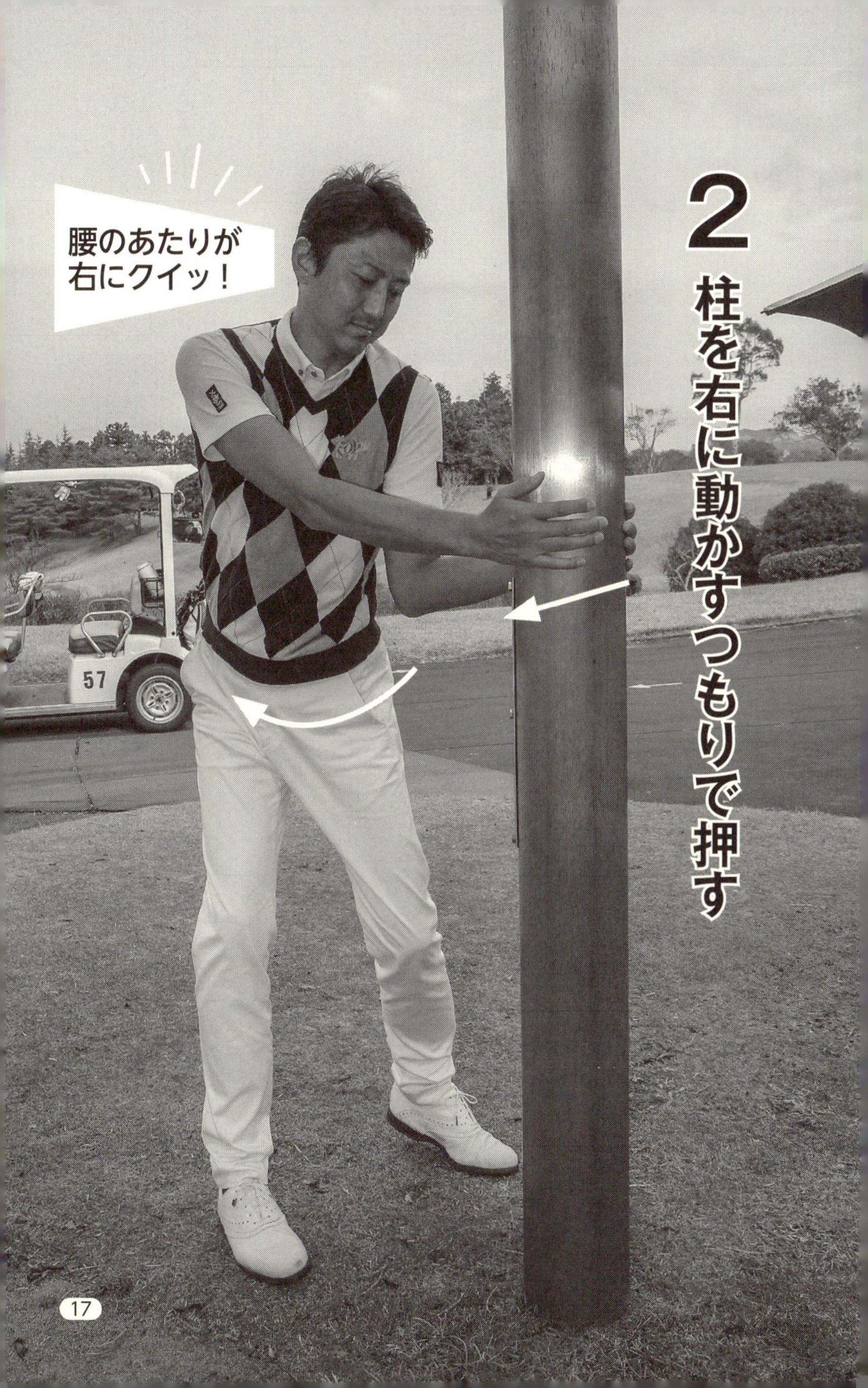
腰のあたりが
右にクイッ！
57

押せないよ！
57

3 柱を左に動かすつもりで押す

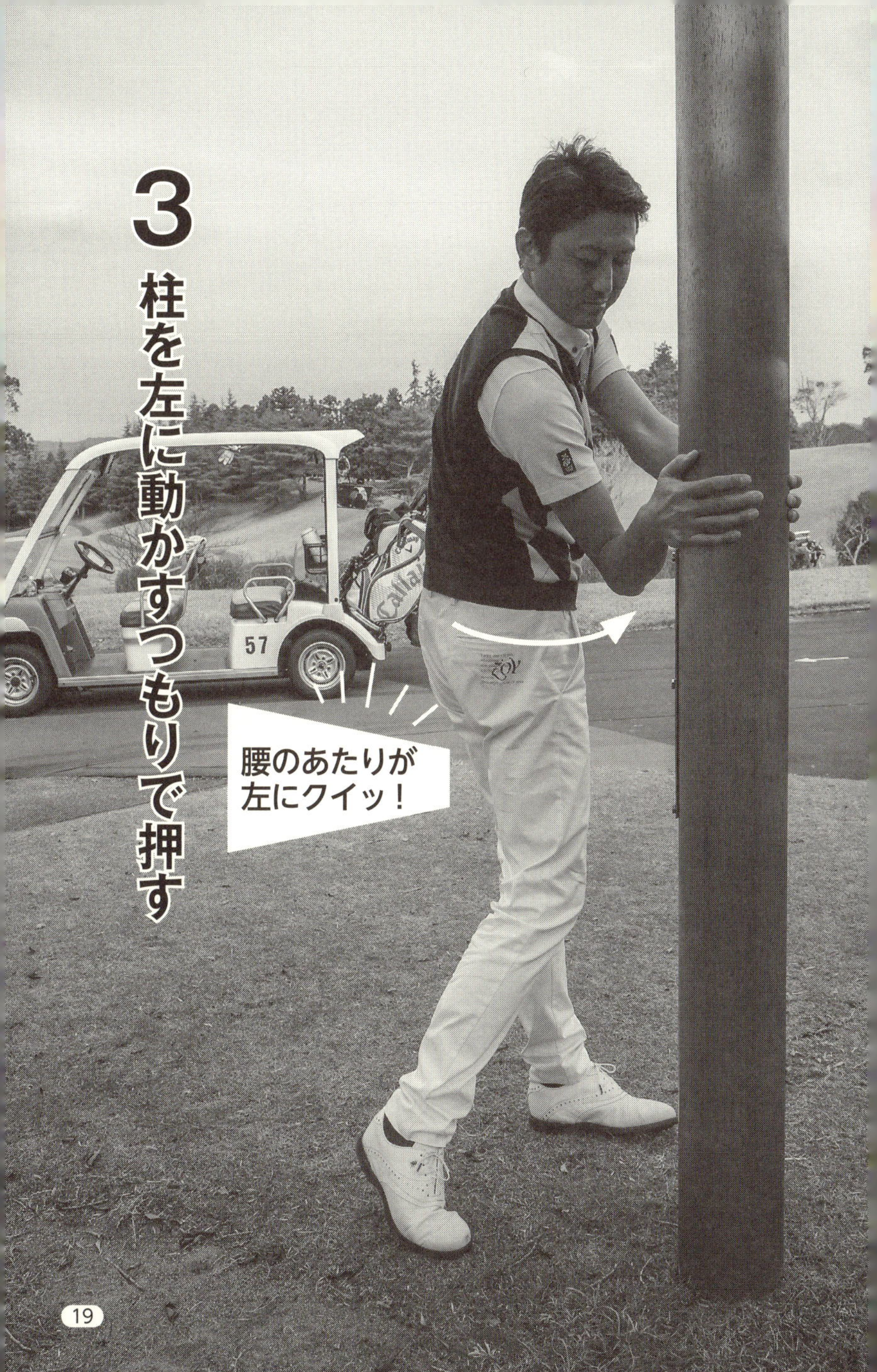
57
腰のあたりが
左にクイッ！

体幹が使えている人は2、3でも腕や肩が動かず、お腹からお尻のあたりが右に左に〝クイッ、クイッ〟と動きます。

一方、2と3のときに腰まわりがまったく動かない人は、腕や肩のみで動かそうとしています。上半身の筋力は、体幹部の筋力に比べるとみなさんが思っているより弱く、思いっ切り力んでも大した飛距離にはつながりません。

お腹から腰のあたりが動く人は、スイングでも体幹が使えています。動かなければ体幹は使えていません。

この違いは、これからのあなたのゴルフに大きく影響します。お腹から腰のあたりが動かなかった人は、動くようにするだけで飛距離が伸びるだけではなく、飛距離寿命も、ゴルフ寿命も延びます。もちろんスコアアップも望めます。

第１章

「体幹を使う」って
どういうこと？

1 〈体幹はどこ?〉胸の骨の下から足のつけ根くらいまでが体幹

体幹を厳密にいうと頭部を含む体の中軸部になりますが、本書では便宜上、もう少し狭い範囲を指して「体幹」と呼ぶことにします。

具体的には、胸の真ん中にある骨(胸骨)の一番下のところから足のつけ根くらいまで。背中側でいうと、お尻くらいまでの範囲を「体幹」とします。

スイングでいう「ボディターン」とは体幹を使ったスイングのことです。

なぜ体幹を使うべきかといえば、この部分の筋肉量が多くて強靭だから。筋力には個人差がありますが、この部分を使えば誰もが潜在能力のマックスに近いパワーを出せます。小柄で非力に見える女子プロが飛ばせるのは、この部分の筋肉を存分に使っているからです。

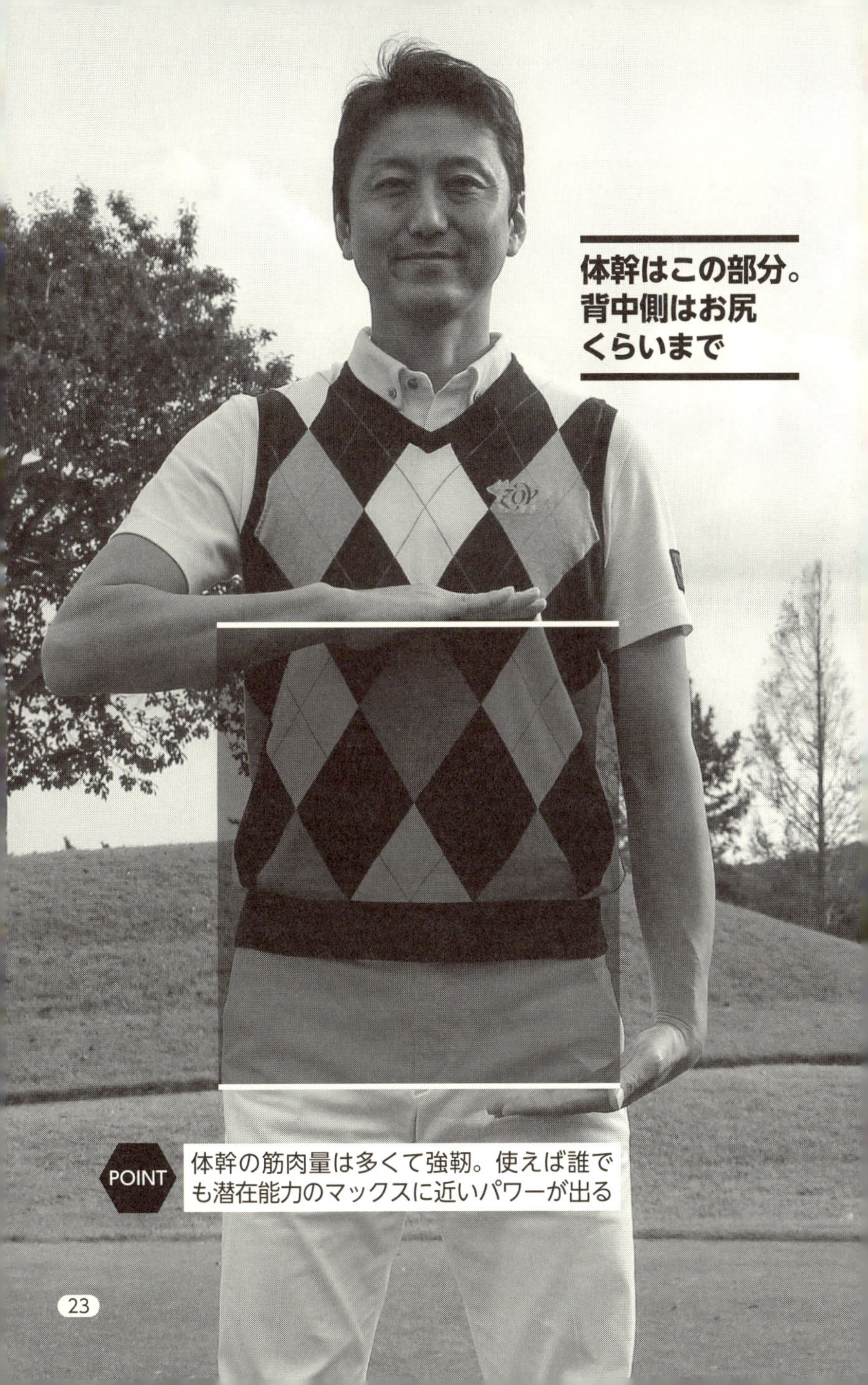

体幹はこの部分。
背中側はお尻
くらいまで

POINT

体幹の筋肉量は多くて強靭。使えば誰でも潜在能力のマックスに近いパワーが出る

2 〈体幹を使うとは？〉体の正面を右に、左に向けるだけ

スイングで「体幹を使う」というと難しく感じるかもしれませんが、やることは簡単。体幹部を右、左へと向けるだけです（写真参照）。

体幹を動かすのに柔軟性は不要です。「体が硬いから右（左）を向けない」という人は、下半身を止めて上半身をひねろうとしています。

そうではなく、骨盤全体を右、左に向けてしまえばいい。右を向くときは左の腰骨、左を向くときは右の腰骨が前に出るように動くだけです。

右の腰骨を前に出しながら左を向く

左の腰骨を前に出しながら右を向く

3 〈スイングで体幹を使うとは？〉前傾して体幹を左右に向けること

いうまでもなく、真っすぐ立ったままではクラブでボールを打てません。打つには上体を前傾させますが、その体勢でも前ページで述べたように動ければ体幹が使えます。

やることは同じで、バックスイング側の動きは、左の腰骨を前に出しながら正面の体幹部を右に向ける。フォロー側の動きは、右の腰骨を前に出しながら正面の体幹部を左に向ける。

直立時よりも左右の腰骨が大きく前に出る感じがします。

アドレスの体勢で体幹を左右に向ける

4 〈体幹を使わないとどうなる？〉手先や腕でクラブを動かしすぎてしまう

参考までに体幹を使わないスイングを見ておきましょう。

体幹が動かないのにクラブが大きく動くのは、上半身（肩や腕）だけ使っているから。ボールは打てるかもしれませんが、大きな筋肉を使わないので飛びません。

また、体の先端部が主導することになるので安定感もありません。体の動きに比べてクラブが無駄に大きく動くため、振り遅れてスライス、アーリーリリース（右ヒジと手首がインパクト前に伸びる）でダフり、シャンク、引っかけなどの原因になります。

POINT 上半身（肩や腕）が主導だと体幹部が動かない。大きな筋肉を使えないので飛ばないばかりか安定感もない

5〈体幹を使うメリットとは？〉飛距離がアップして〝飛距離寿命〟も延びる

体幹を使っていない人が使えるようになるだけで、ドライバーの飛距離が50ヤード以上伸びます。年配の方は「もう無理」などといわれます。もちろん現在、完璧なスイングをしておられるならそうでしょう。しかし、ほとんどの方は手打ちなので、これには当てはまらない。普通に歩いてラウンドできていれば**70歳以上の方でも50ヤードは伸びます。**

逆に、いまなにもやらなければ肩まわりの筋力が落ち、比較的早い段階で飛距離がガクンと落ちる日がきます（13ページのグラフ参照）。そうなると飛んでいた人ほど大きなショックを受けます。

アマチュアの方の多くは、飛ばなくなったことでゴルフが楽しくなくなり、コースから足が遠のきます。体幹を使えばそうはならない。生涯ゴルフが続けられます。

飛距離寿命が延びればゴルフ寿命も延びる

体幹スイングで飛距離が落ちなくなるとゴルフが楽しくなりますし、体幹部は上半身に比べて衰えるのが遅いので、ゴルフ寿命がうんと長くなります。

そうなるのは飛ぶからだけではありません。体幹スイングは、手打ちに比べてはるかに反復性が高い。手打ちがマニュアル車なら体幹スイングはオートマチック車に乗っているようなもの。**これまで頻繁に出ていたミスがウソのようになくなります。**

つまりはプレッシャーに強いということ。肝心なときにミスするのはメンタルが弱いからと思われていますが、大事なときにドキドキするのは誰でも同じこと。メンタルではなく、プレッシャーに弱いスイングだからミスが出るのです。

体幹を使って動けるようになるとこれがなくなりスコアがよくなる。結果的にゴルフ寿命が延びるわけです。

6 〈アマチュアが体幹を使えないわけ〉体幹の筋肉は不器用で使い慣れていない

アマチュアの方で体幹を使えているのはハンデでいうと5以下の人くらい。上級者であっても最大限に体幹スイングができているゴルファーはあまりいません。

なぜ体幹を使えないかというと、この部分の筋肉は誰しも生まれつき不器用だから。ボールに当てたいと思えば、脳は「器用なところを使え」と指令を出します。だから手を使う。シャフトの先端の小さなフェースで小さいボールを遠くに飛ばさなければならない。この不安が器用さを選択させるのです。でもパワーは出ません。逆に体幹はパワーは出るけれど動かしづらい……。

しかし、いくら体幹が不器用といっても自分の体の一部。使い慣れていないだけで慣れれば使えるようになります。**必要なのは、〝リハビリ〟。**トレーニングによって筋肉を大きくする必要はありません。リハビリによって動かしたことがない部分を少しだけ動かせるようにするだけで、誰でも大幅に飛距離が伸ばせます。

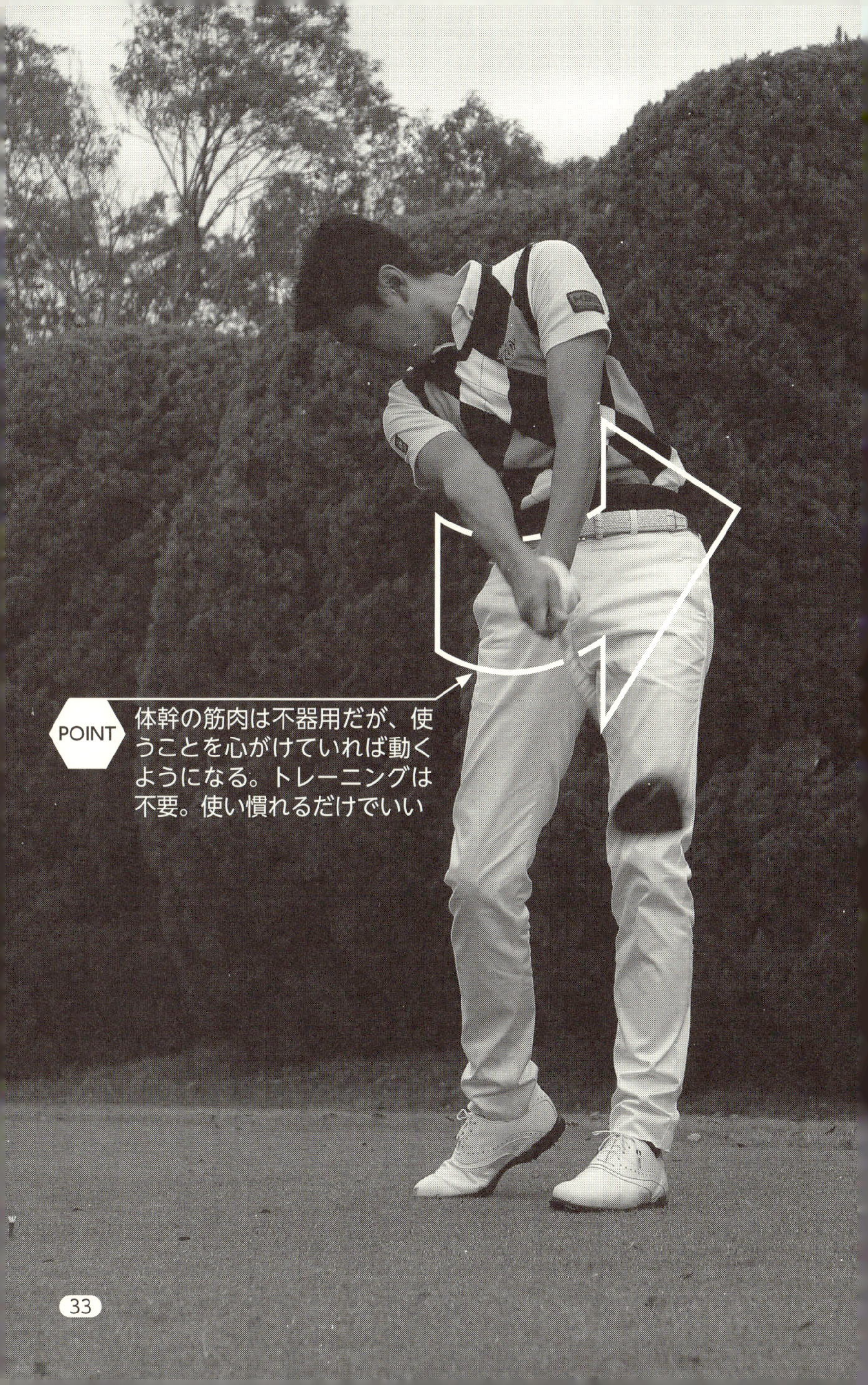
POINT
体幹の筋肉は不器用だが、使うことを心がけていれば動くようになる。トレーニングは不要。使い慣れるだけでいい

7 〈私が実感した体幹スイングのすごさ〉すべてのテクニックがレベルアップする

体幹が使えるようになると、小さな動きも体幹でカバーできます。小さな動きは小手先でもできますが正確性に乏しい。

たとえば、林の中からチョンと出すだけなのにダフって出ない、トップして反対のラフに入る、といったことがあると思いますが、体幹を使えばこんなミスはなくなります。また、砂の抵抗があってしっかり振らなければならないバンカーショットも、体幹が動けば手でパワーを賄《まかな》わなくていい。そのぶんイージーになります。

アプローチも劇的によくなります。それについてはこんなエピソードがあります。

私が研修生だった10代の頃、私のアプローチ練習を見ていた先輩プロがいいました。

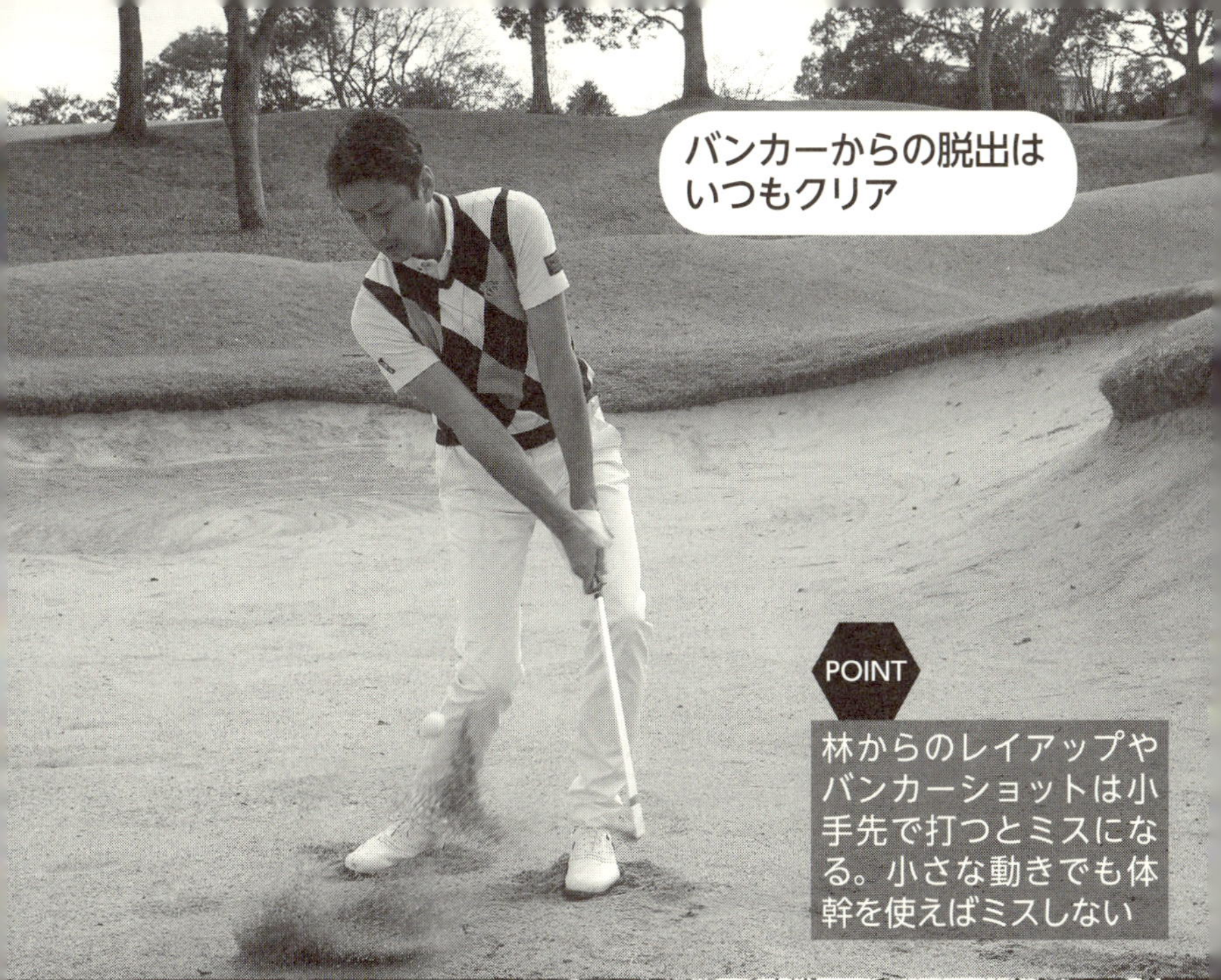
バンカーからの脱出は
いつもクリア

POINT

林からのレイアップやバンカーショットは小手先で打つとミスになる。小さな動きでも体幹を使えばミスしない

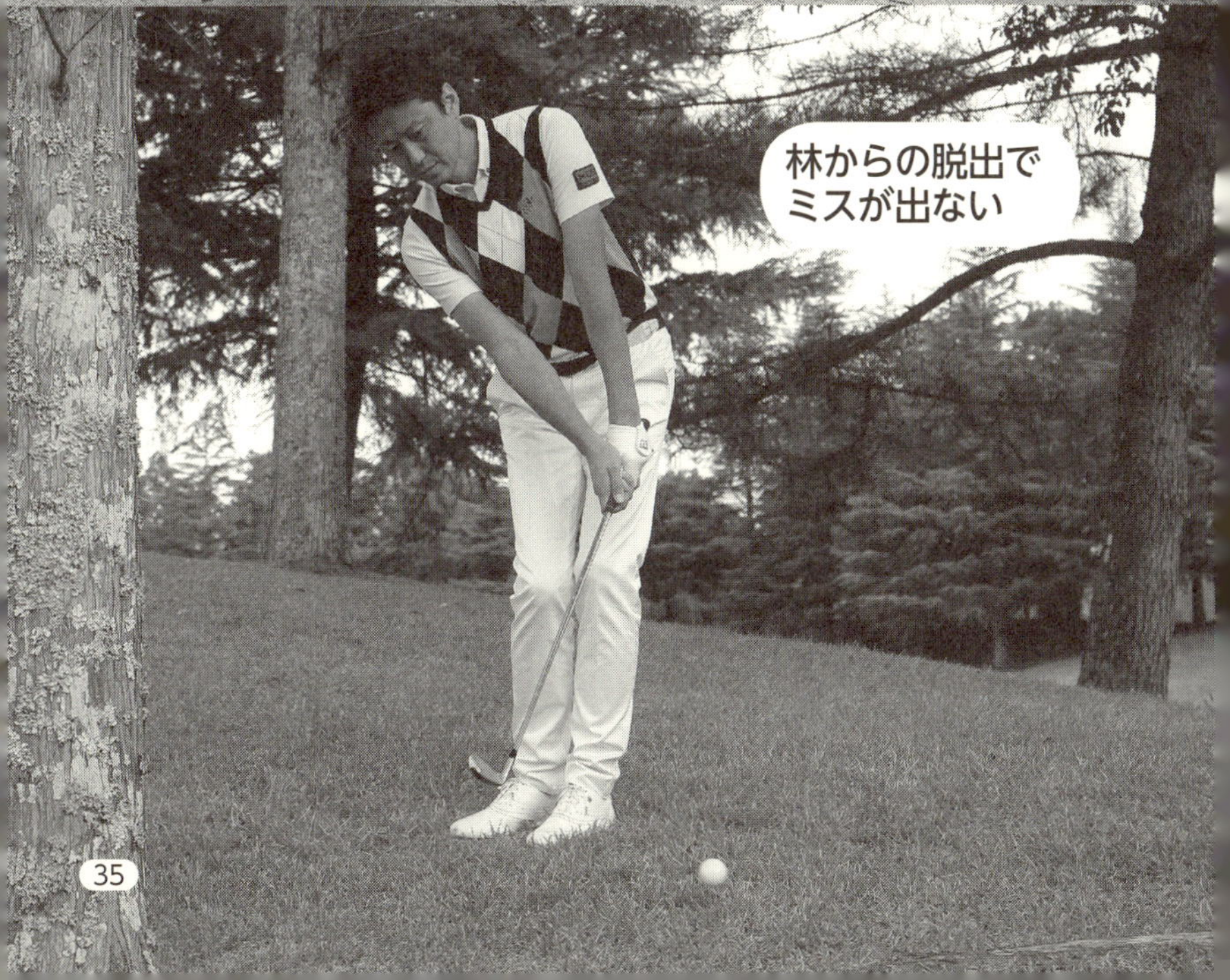
林からの脱出で
ミスが出ない

「アプローチってのはなぁ、右ケツで距離感を作るんだよ」。私は「はあ?」みたいな感じで、なにをいっているのかチンプンカンプン。でも、昔のプロのこと、それ以上はなにも教えてもらえませんでした。

しかし、体幹スイングを勉強し実践してきたある瞬間、その言葉が数十年ぶりにフラッシュバックしてきれいに結びつきました。

詳細は後述しますが、体幹スイングの場合、バックスイングでは右足が、ダウンスイングでは左足が軸足になって体幹が動きます。そのため結果的に**ダウンスイングからは右のお尻の押し出しでボールを打つことになる。**右のお尻を押し出す強さで30ヤード、50ヤード、あるいはフルショットと距離を打ち分けるのです。

このときに腕を使う意識はありません。10ヤード打つときもフルショットも腕の力加減はまったく一緒で、右のお尻を押していく強さで距離をコントロールできるのが理想です。

POINT 「アプローチってのはなぁ、右ケツで距離感を作るんだよ」という先輩プロの言葉。体幹スイングを習得できてその真意がわかった。「右のお尻の動き＝体幹の動き」だった

「短い距離は手だけでいい」という人もいますが、それだと「○ヤードからは体幹を使う」みたいな話になり、アプローチとフルショットでまったく違う打ち方になって余計に難しくなる。腕の力加減で距離を決めるのが正しいのなら、20ヤードより50ヤードのほうがより手を使っているという話にもなりかねません。また、バックスイングの大きさで距離を決めるという人もいますが、50ヤードのバックスイングから緩めて30ヤード打つこともできるし、30ヤードまで上げてからパンチを入れ50ヤード打つこともできます。

ダウンスイング時の加速でインパクトの強さは決まります。30ヤードの強さで右のお尻を押したいと思った結果がバックスイングの大きさになるわけで、まず振り幅ありきではない。助走は意図的にではなく、本能的に大きくなるものなのです。

「バックスイングは欲が作るもの」と坂田《さかた》信弘《のぶひろ》プロはいいます。まさにその通り。その奥には、アプローチも体幹の動きで距離をコントロールする、という思いがこもっていると思います。

第2章

体幹スイングのメカニズム

1 体幹スイングはスイング進化の最終形

スイングは20年ごとにリストターン、ショルダーターン、ボディターンの順に進化してきました。60年ほど前の主役はリストターン。青木功《あおきいさお》プロのようなスイングです。その約20年後、ジャック・ニクラウスのようなショルダーターンが主流になりました。下半身をどっしりさせて肩を回すスタイルで「腰を45度、肩を90度回す」時代です。

やがてトーナメントプロが「勝つためにはもっと飛ばさなければ」と考えるようになり、20年ほど前にデビッド・レッドベターがボディターンを提唱。門下生が勝ちまくりました。

スイングの動力源という観点から見ると、人間は体幹部以上に大きな筋肉を持ち合わせていませんから、スイングの動力における進化はこれが最終形と考えられます。

リストターンスイング

写真②と⑦で肩と腰は動かさず、
手首だけでクラブを動かしている

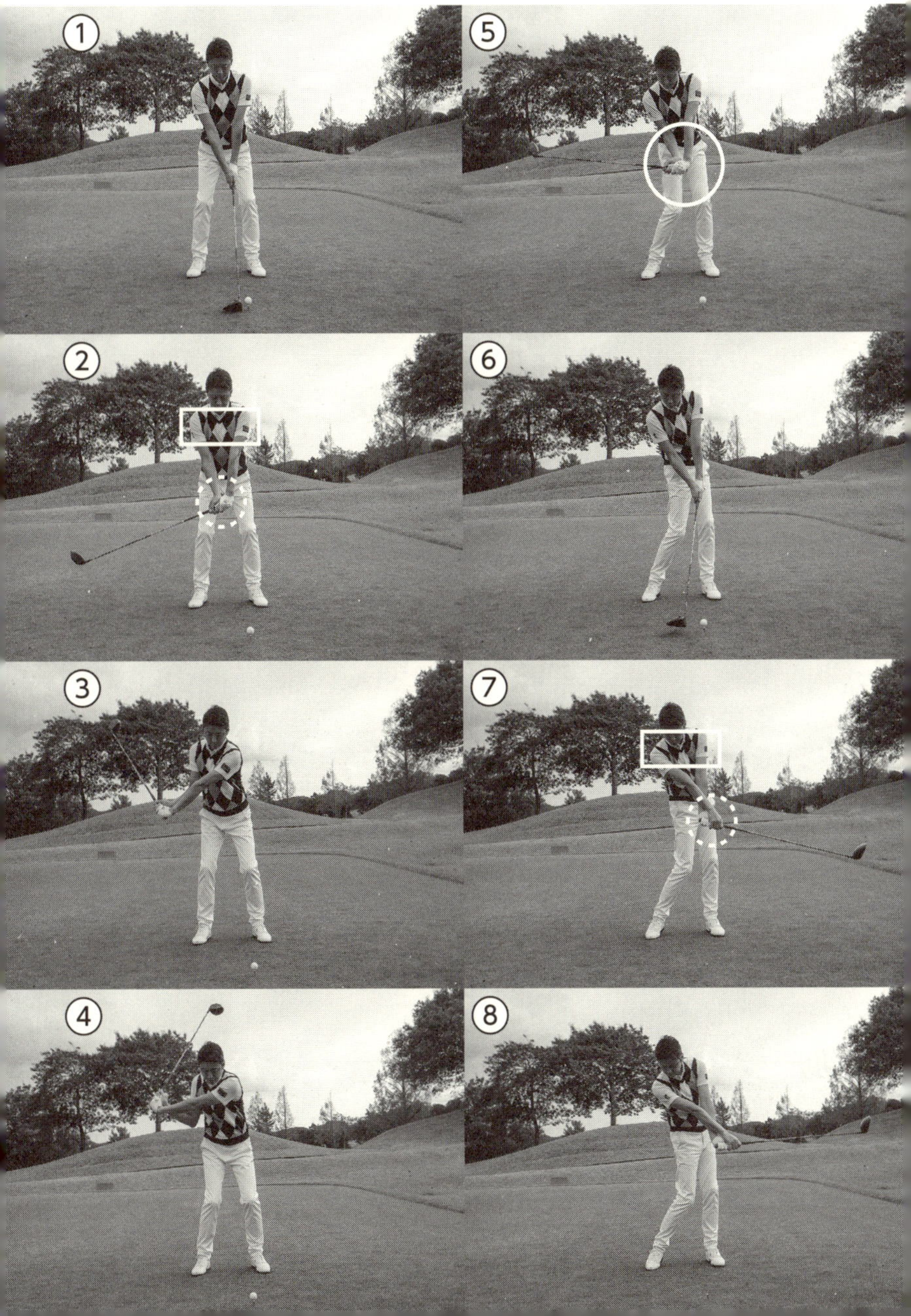

ショルダーターンスイング

写真②と⑦で腰は動かさずに、肩だけでクラブを動かしている

体幹（ボディターン）スイング

つねに体幹の動きがクラブの動きより先行する

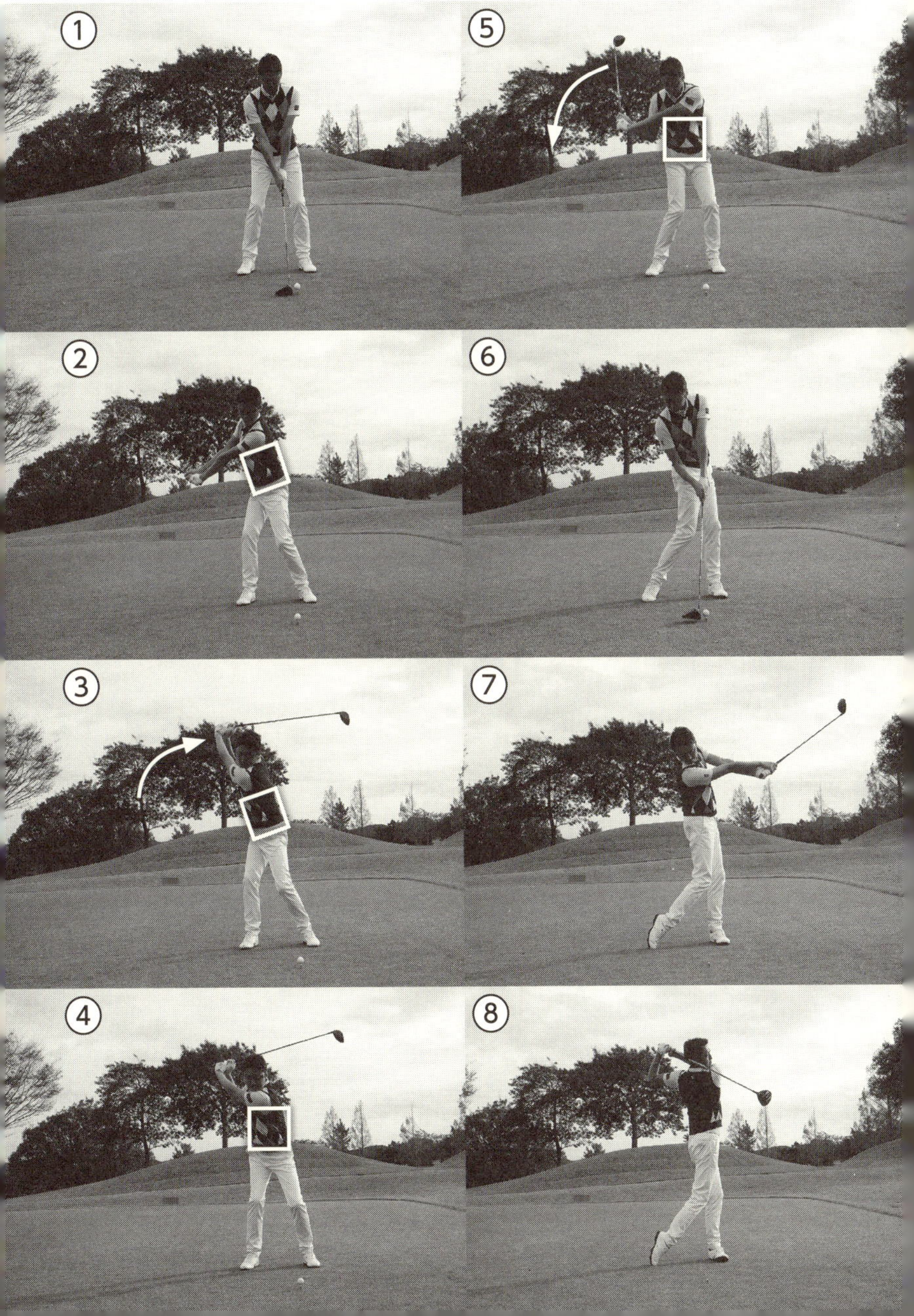

2 スポーツの動作はボディターン&リリースでできている

クラブは最後にリリースされる

野球でボールを投げるとき、スナップや腕だけを使ったのでは、遠くにも投げられませんし、スピードも出ません。先に体幹を回し、腕や手元を遅らせて最後にリリースする（ボールを放す）ことではじめて、正確なスピード

POINT ボールを投げるときには、まず体幹を投げる方向に向けてからボールをリリースする

ボールを打つときも体幹から動く

ボールを遠くに投げられます。

スイングも同じです。主導源となる体幹が動いてから、ヒジと手首がしなるようにタメができて、インパクト直前で一気にヒジと手首を伸ばすことをリリースといいます。

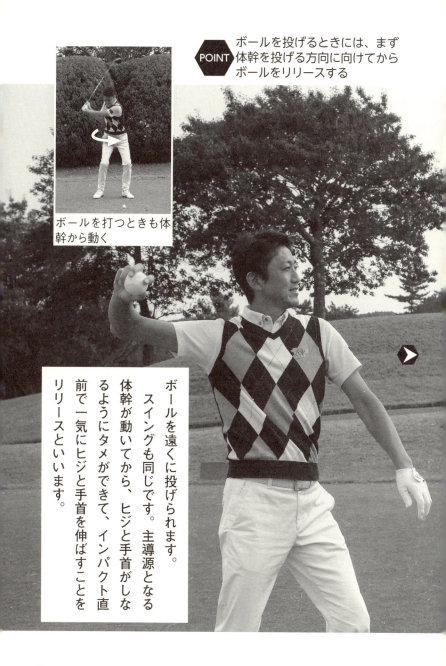

3 体幹スイングは子どもがやっている「いや、いや」の動き

子どもが駄々をこねるとき「いや、いや」と体を左右に揺すります。実は誰もがやったであろうこの動きに、体幹スイングの極意があります。

なにも考えず、力を抜いて「いや、いや、いや」といいながらおヘソあたりをクルクルッと回すと、両腕が体に巻きつくようになるはず。手は振ろうとしなくても勝手に動く。スイングもこうあるべきなのです。

体幹さえ動けば腕は勝手に動き出す

POINT
「いや、いや」をやると
体幹の動きに対して腕が
遅れて動く。これこそが
スイングの極意だ

4 スイングの始動ではクラブが最後に動き出す

体幹スイングは体幹部から動き出します。ゆっくりやると始動でクラブヘッドがちょっと置いてきぼりになって最後に動き出すのです。

たとえば10両編成の列車では、動き出す瞬間にガチャンと動力車が動き、ほかの車両が遅れて動きますが、それと同じ。クラブから動き出すのは体幹スイングではありません。

海中のワカメのようなイメージで体幹と腕が動くので、私は「ワカメスイング」とも呼んでいます。

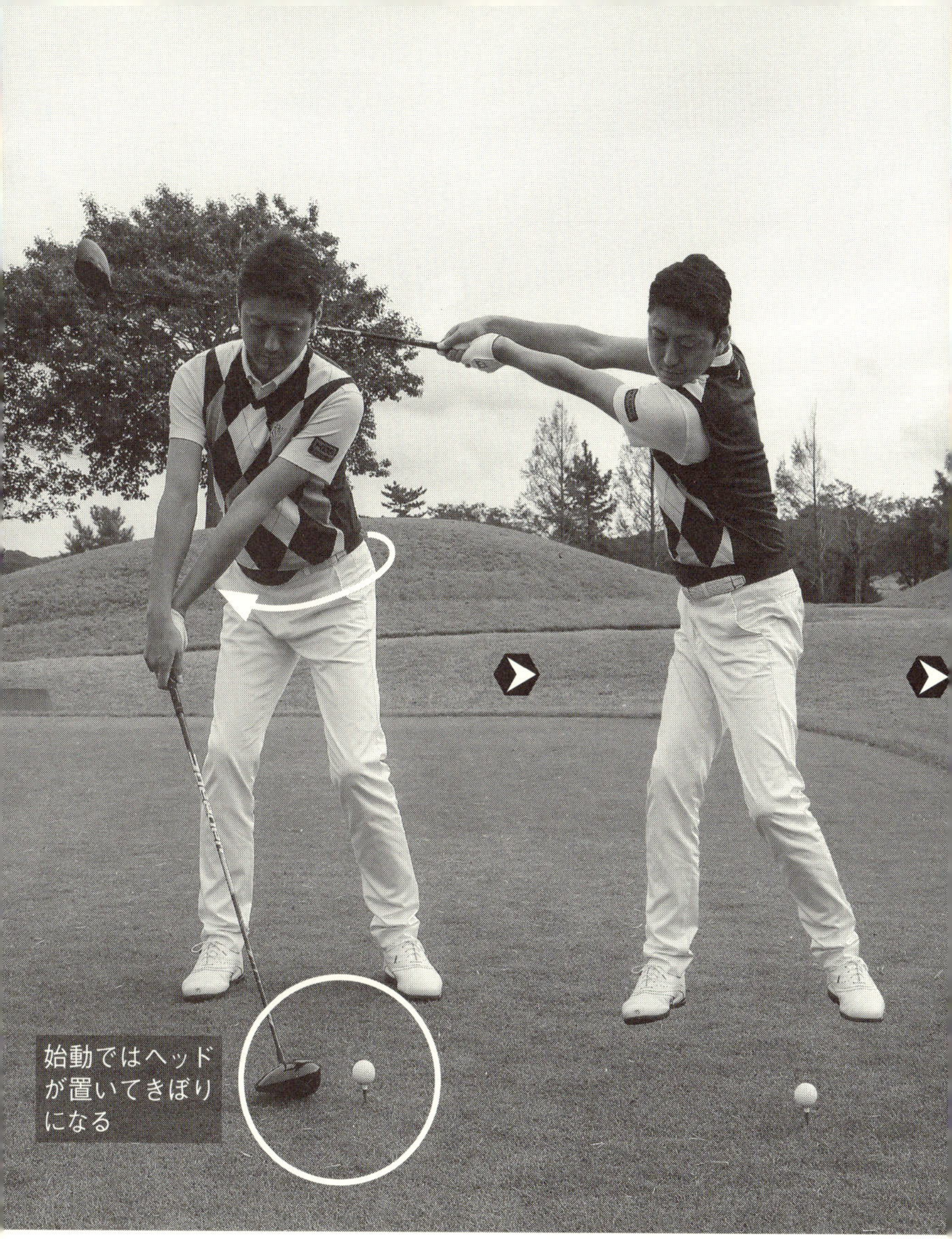
始動ではヘッド
が置いてきぼり
になる

海中のワカメのように 動くのが体幹スイング

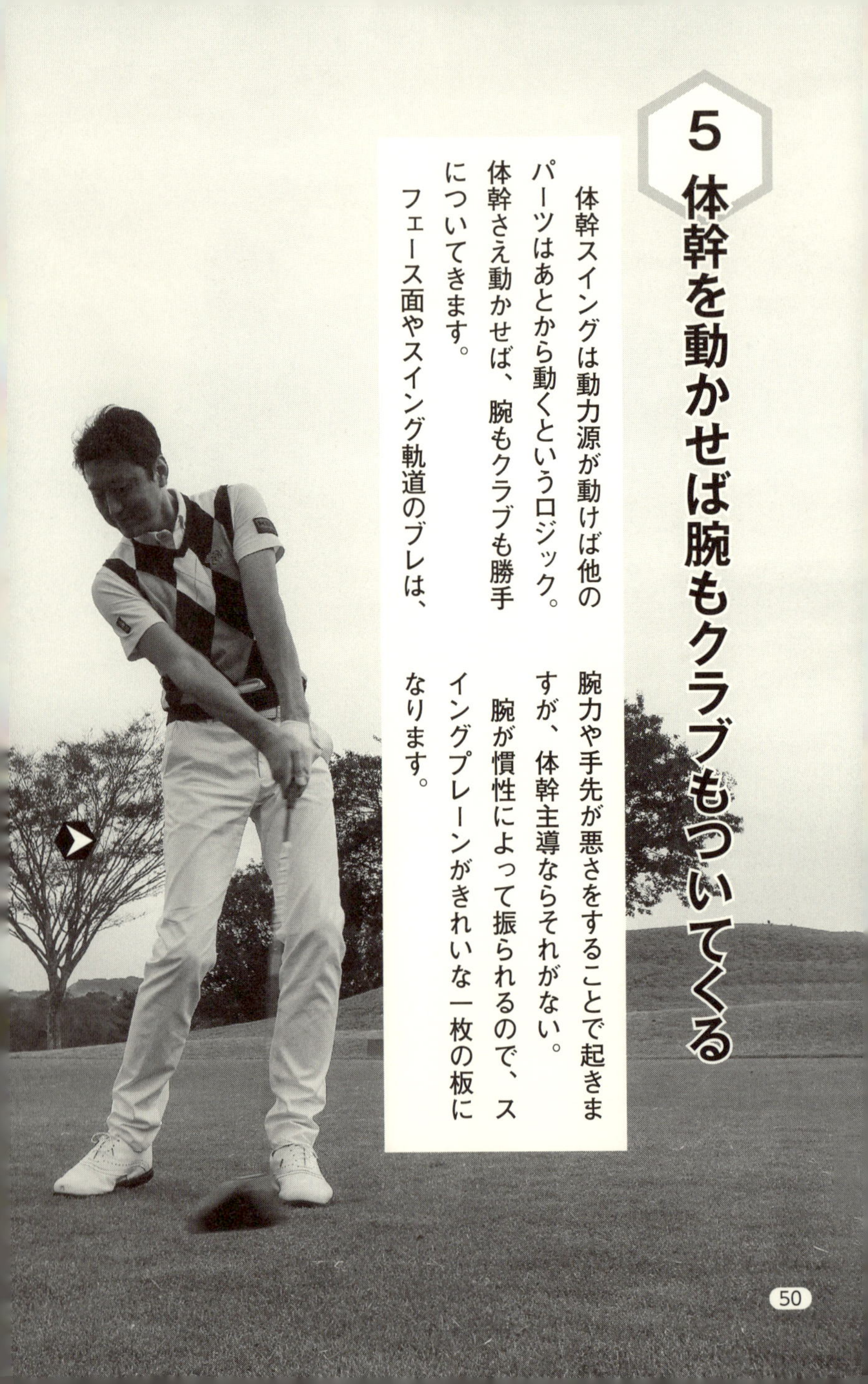

5 体幹を動かせば腕もクラブもついてくる

体幹スイングは動力源が動けば他のパーツはあとから動くというロジック。体幹さえ動かせば、腕もクラブも勝手についてきます。

フェース面やスイング軌道のブレは、腕力や手先が悪さをすることで起きますが、体幹主導ならそれがない。

腕が慣性によって振られるので、スイングプレーンがきれいな一枚の板になります。

体幹でクラブを動かすと腕は“振られるもの”になりクラブの軌道が安定する

6 体幹スイングに体の柔軟性は必要なし

体幹スイングに体の柔軟性は必要ありません。どこかを止めて、どこかをひねる動作ではないからです。やりにくさを感じる人がいるかもしれませんが、できない動作ではないはず。写真のようにクラブを持ち、体幹主体で左右を向くだけの単純な動きです。

体が硬くても体幹は容易に動く

POINT

体幹スイングは体が主導するが、どこかを止めてどこかをひねる運動ではないので柔軟性はいらない

7 体幹を使うと軸も安定する

多くのミスショットはスイング軸が前後左右に動くと起きます。指や腕で重いクラブを動かすと、重さに引っぱられて体がグラつく。これが軸ブレの主因です。体のど

POINT 体幹を右、左に向けるだけなので軸がブレない

こかを止めてクラブを動かしてもこの状態に陥りやすいので軸ブレします。

　コマの回転スピードが速いほど軸が安定するのと同じで、体幹をクルクルッと回すと、軸は自然と安定します。

8 バックスイングでは捻転差を作らない

バックスイングの際、下半身と上半身で捻転差を作ろうとする方が多いですが、そのほとんどは腰を止めて肩を回し、捻転差を作ります。「トップで腰が45度、肩が90度回る」というのがその指標。

しかし、これができるアマチュアの方はほとんどいま

POINT

ショルダーターンではバックスイングで上半身と下半身に捻転差を作る

せん。タイガー・ウッズ、リッキー・ファウラー、ミシェル・ウィなどはこのタイプですが、これはショルダーターンの動きで、相当な筋力と柔軟性がないとできないのです。

POINT

ボディターンでは
腰まわりから右を
向くのでバックス
イングで捻転差を
作らなくていい

9 上下の捻転差は切り返しで作る

体幹スイングではバックスイングで上半身が右に回ると骨盤も90度近く右を向きます。この時点では上下の捻転差はありません。でも、スイングには捻転差が必要です。

どこでできるかといえば切り返し。ここで体幹主導で体を左に回すと、腕や肩が置いてきぼりになる。ここで捻転差ができるわけです。ピッチャーもバッターもバックスイングではさほど捻転せず、足を踏み込んだときに捻転します。捻転は作るものではなく、上半身の脱力により自然とできるものです。

POINT

腰の回転に対して肩の回転がワンテンポ遅れるから捻転差が生まれる

切り返しで体幹を左に回すと肩が置いてきぼりになって捻転差ができる

10 切り返しからダウンスイングで力が入ると〝タメ〟ができない

上下の捻転差と同様、スイングで大事とされる〝タメ〟。ダウンスイングで一瞬右ヒジと手首がたたまれた状態になることです。タメができないのは手首のリリースが早いから。トップから上半身でクラブを下ろすため、手から動いてクラブヘッドが先に下りてしまうのです。かといって、タメを作ろうと意識的に手首の角度を維持してクラブを下ろしても、解くタイミングがつかめず振り遅れてしまいます。

POINT リリースが早いとダフりや引っかけのミスを招く。また、タメを作ろうとしてもリリースのタイミングがつかめない

ダウンスイングで手から先に
下りるのがタメができない原因
NO

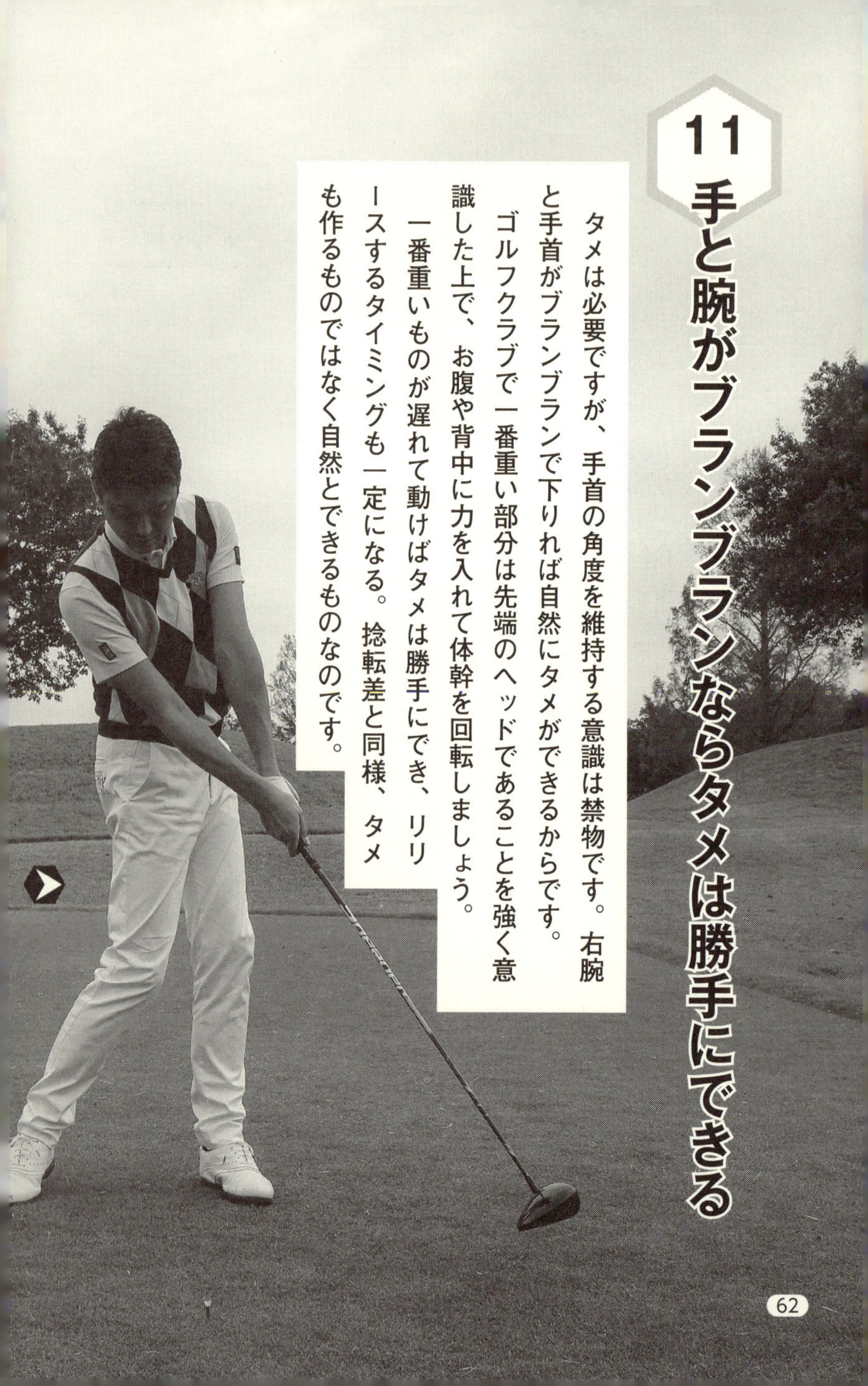

11 手と腕がブランブランならタメは勝手にできる

タメは必要ですが、手首の角度を維持する意識は禁物です。右腕と手首がブランブランで下りれば自然にタメができるからです。ゴルフクラブで一番重い部分は先端のヘッドであることを強く意識した上で、お腹や背中に力を入れて体幹を回転しましょう。

一番重いものが遅れて動けばタメは勝手にでき、リリースするタイミングも一定になる。捻転差と同様、タメも作るものではなく自然とできるものなのです。

クラブが最後に下りてくると自動的にタメができる

テークバックでクラブヘッドが最後に上がるとダウンスイングでも最後に下ろせる
POINT

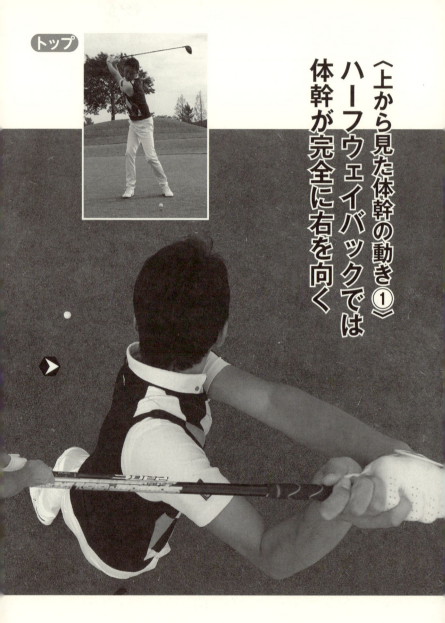

〈上から見た体幹の動き①〉
ハーフウェイバックでは体幹が完全に右を向く

トップ

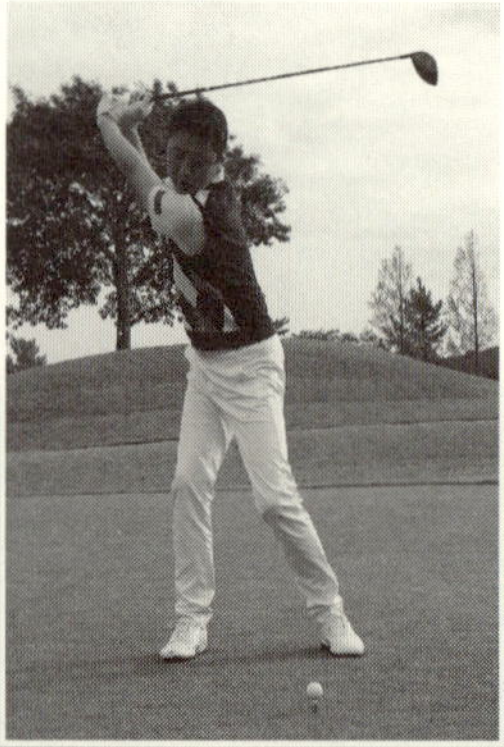

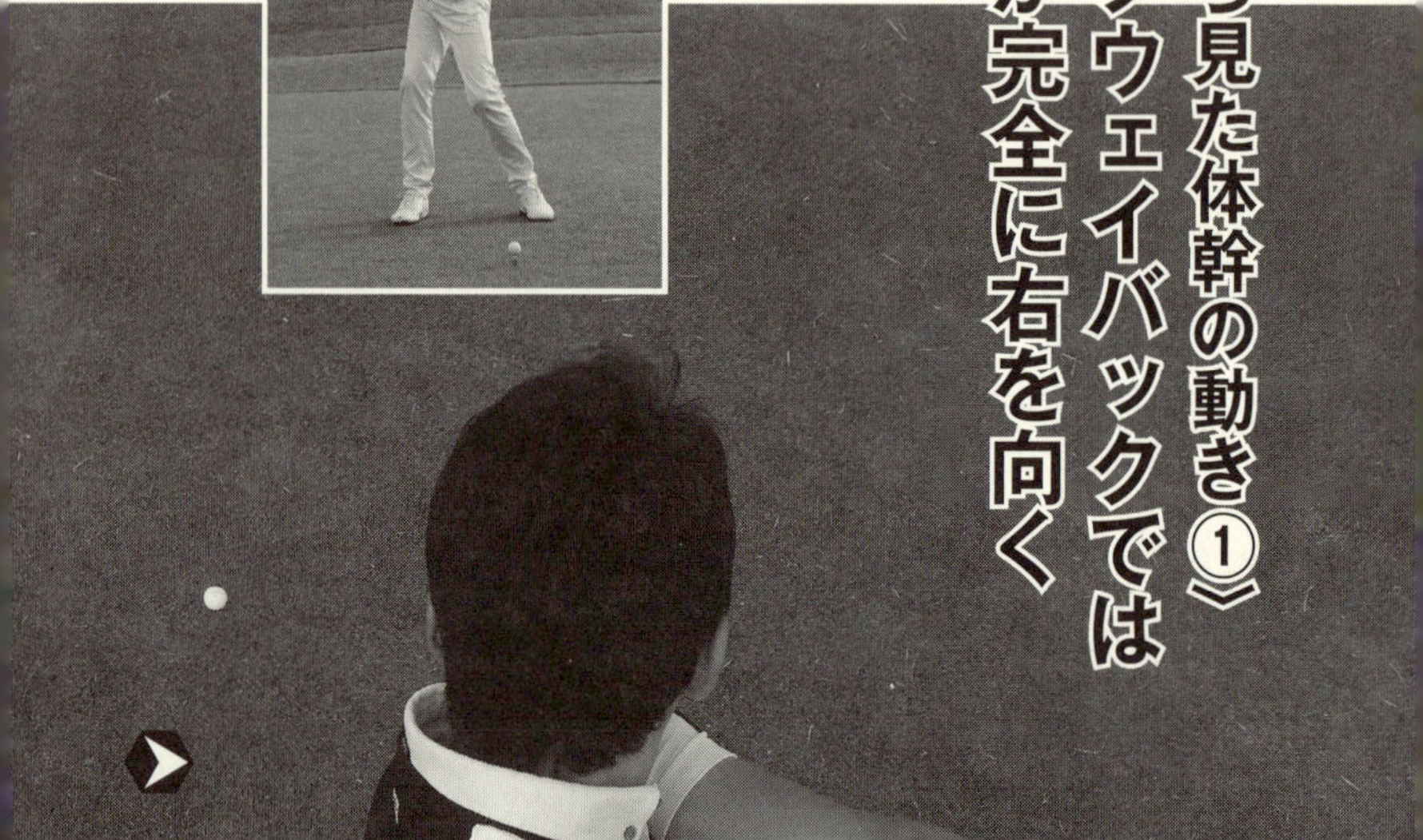

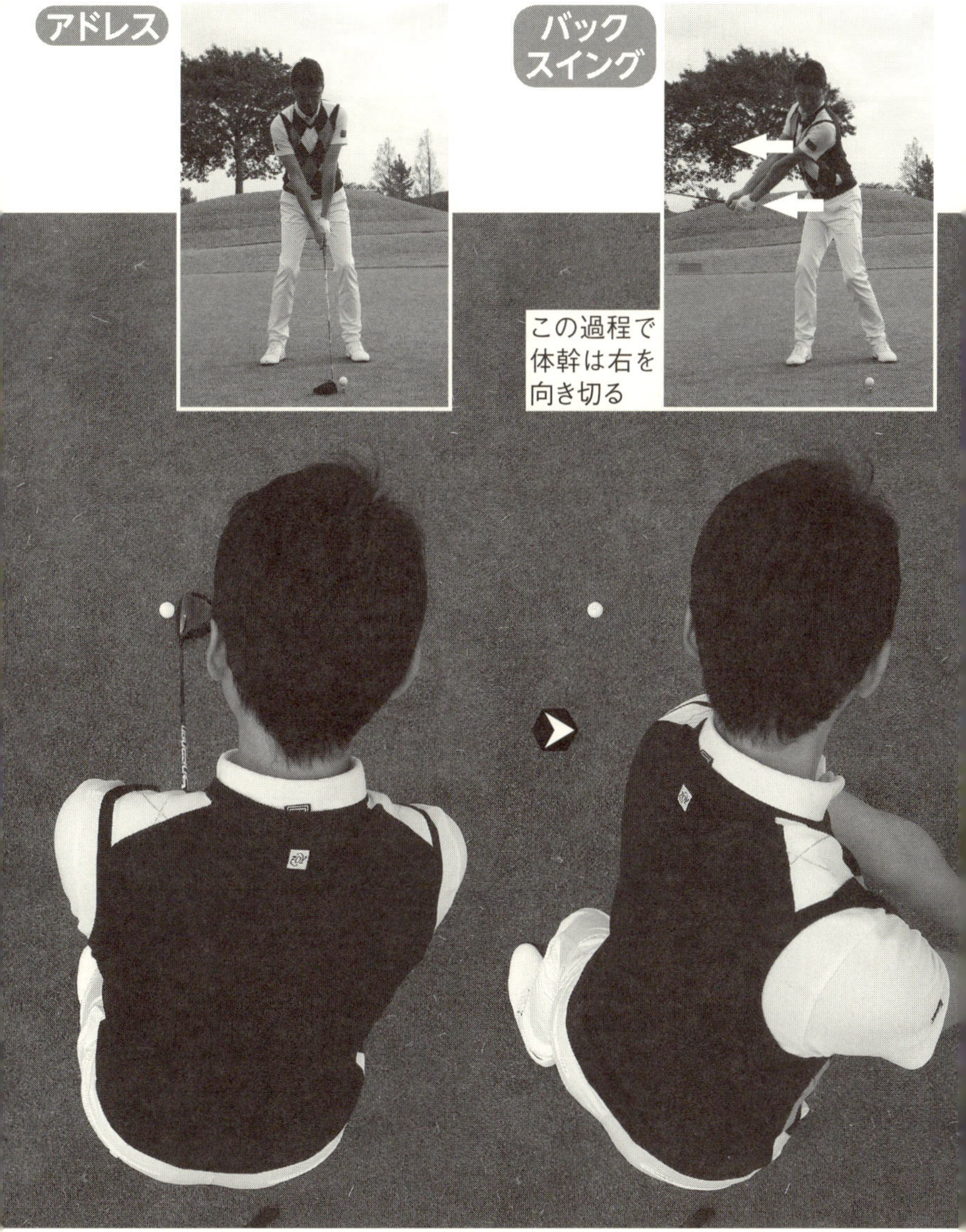
アドレス
バックスイング
この過程で
体幹は右を
向き切る

体幹から始動しクラブヘッドが最後に動くようにテークバック。ハーフウェイバック（バックスイングで手が体の真横まで移動したあたり）では体幹が完全に右を向き切る

〈上から見た体幹の動き②〉

体幹を左に回すと自動的にタメができる

インパクト

インパクトでは腰が目標を向くが肩は開かない

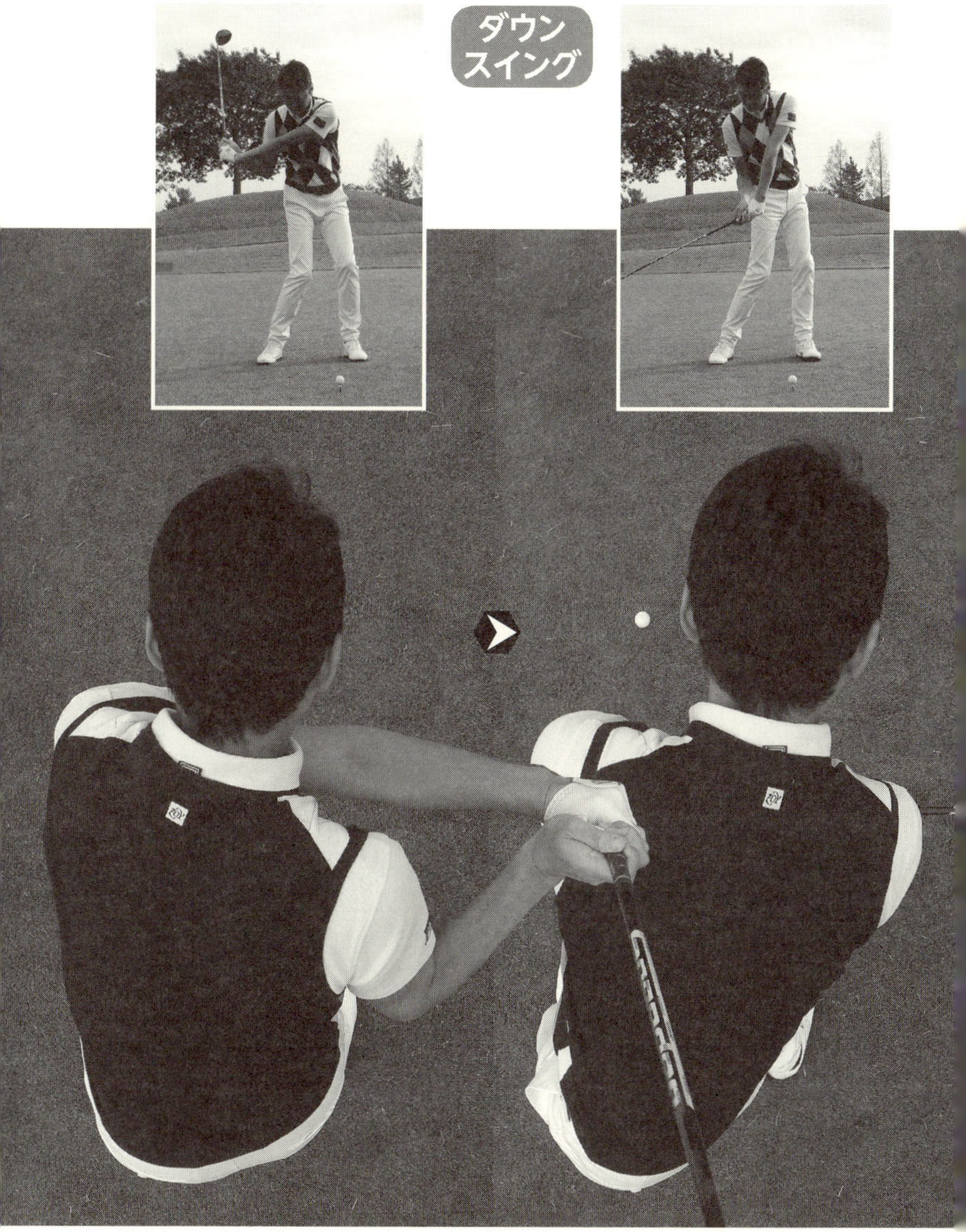

ダウンスイングではバックスイングで動いた順番と同様、体幹→肩→腕→手→クラブヘッドの順で動く。これで自動的にタメができる

フィニッシュ

〈上から見た体幹の動き③〉腕が体に追いついてクラブに引っぱられる

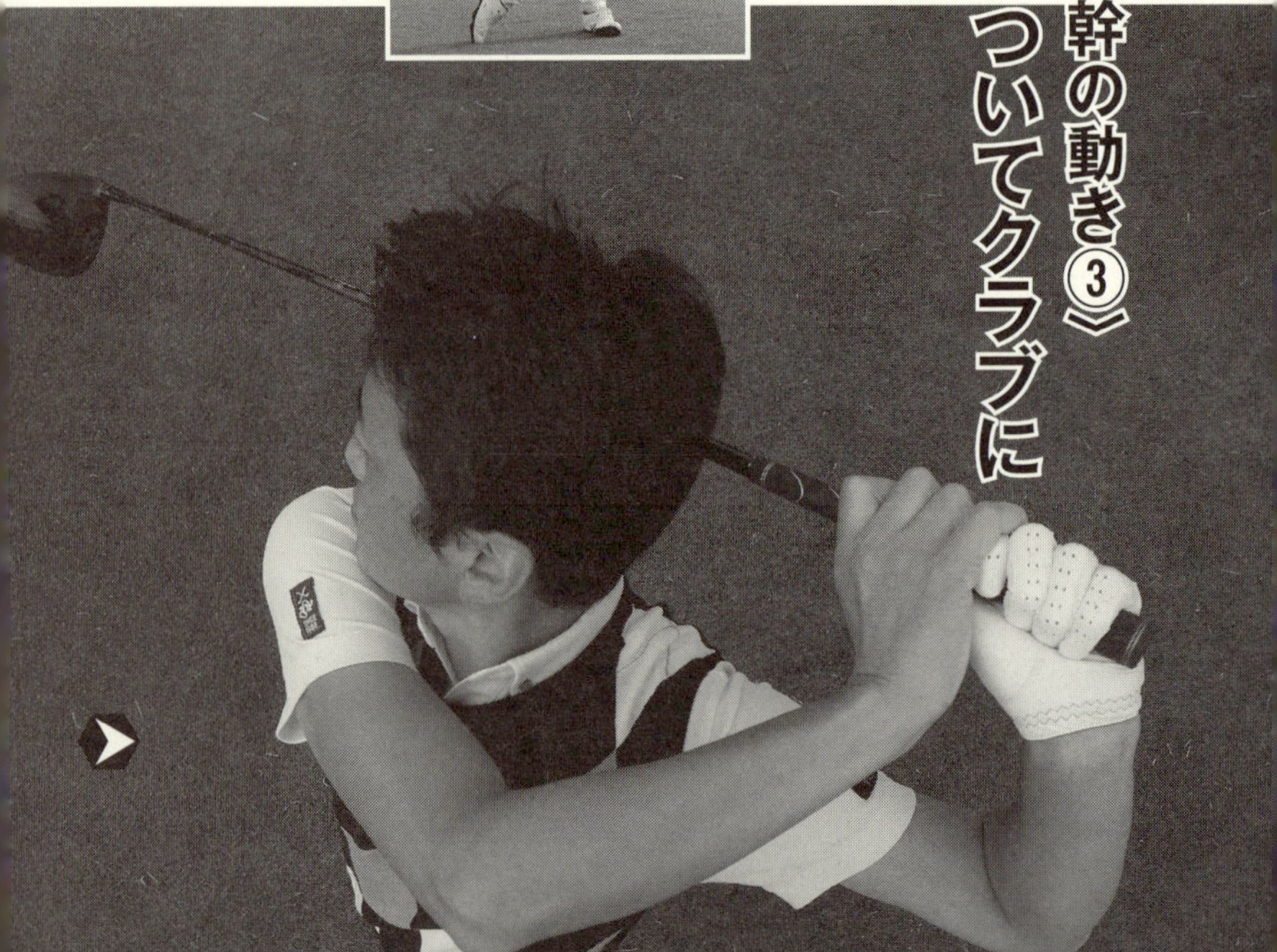

フォロー

肩、腕、クラブは体の正面。クラブと体が引っぱり合う

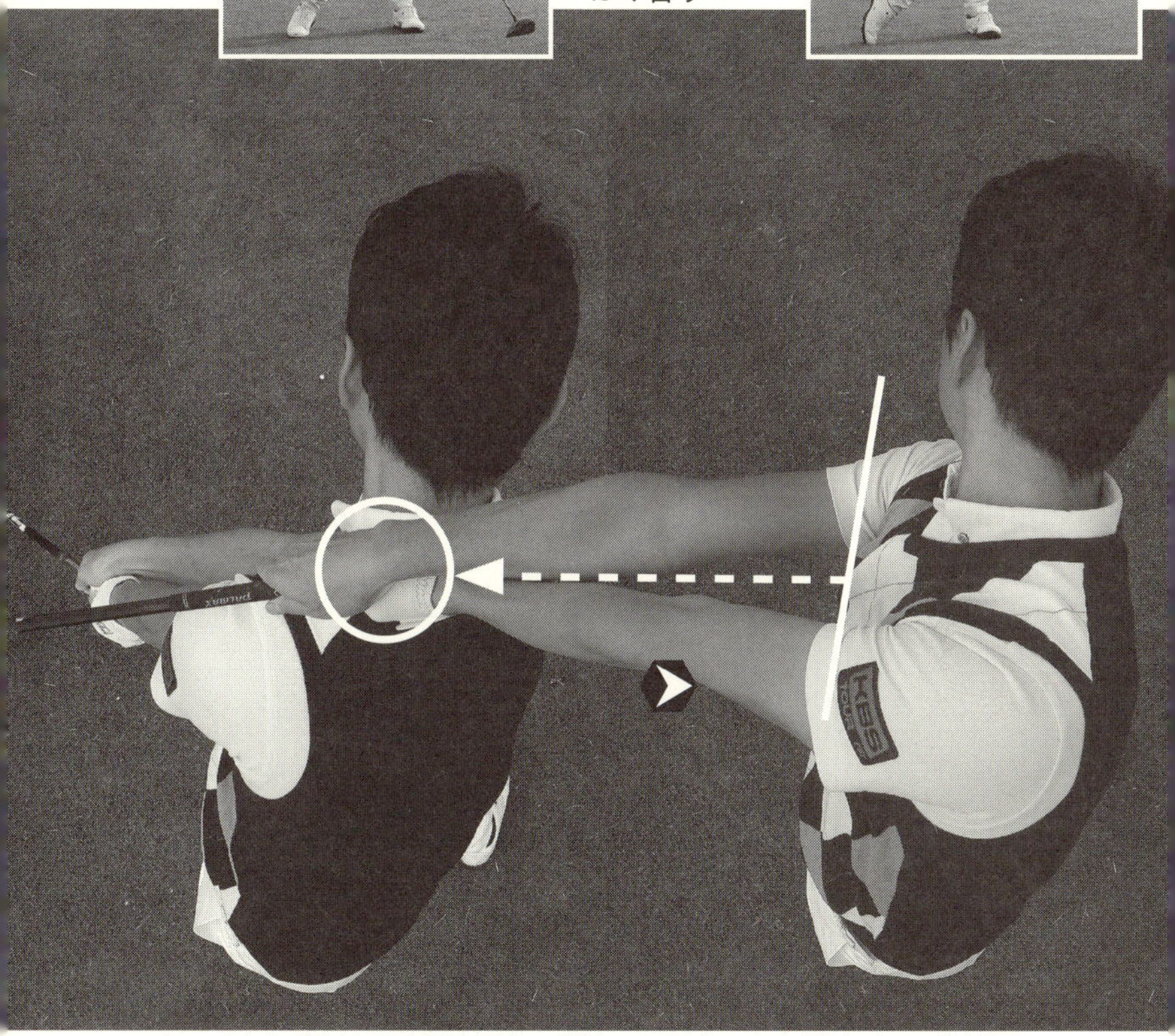

インパクト後はほぼ成り行き。遅れて下りてきた腕やクラブが腰に追いつき、手とクラブが体の正面にくる。フォローではクラブを背中で引っぱり合う

クラブは最後の最後に動く！

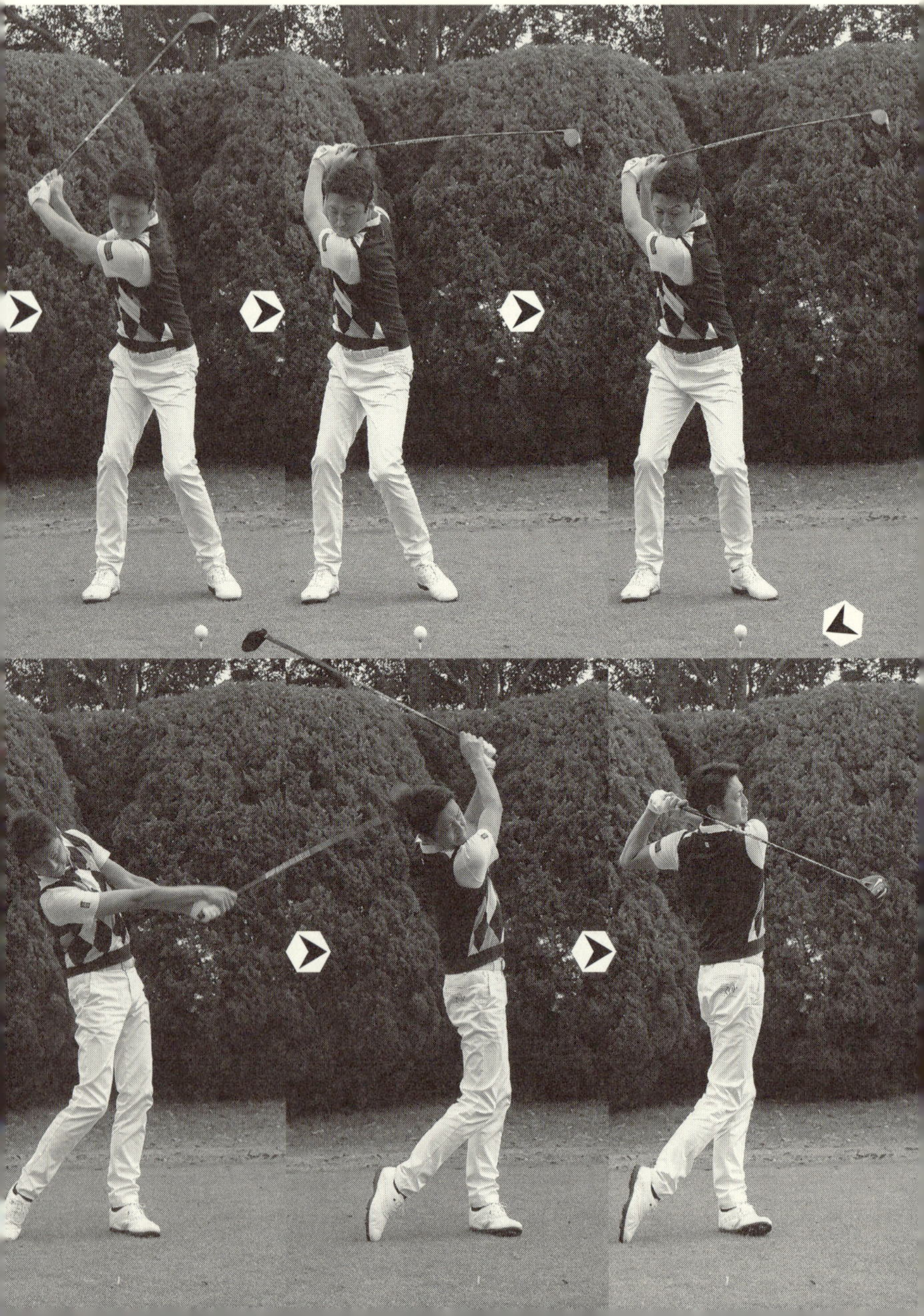

意図して動かすのは体幹のみ。

体幹スイング COLUMN 1

女子プロがゆっくり振っているように見えるのは手や肩の動きを追うから

「女子プロはなぜあんなにゆっくり振るのに250ヤードも飛ぶの？」とよく聞かれますが、ゆっくり振っているわけではありません。

そもそも、ゆっくり振って飛ぶわけがない。ドライバーのヘッドスピードが40m/s以上ないと230ヤード飛ばないのですから。

なぜゆっくり振っているように見えるかというと、手や肩の動きしか見ていないからです。体幹で上げるバックスイングでは手がゆっくり大きく動きます。ダウンスイングでも手やクラブは下半身に比べ遅れて下りる。だからゆっくり動いているように見えるのです。

上半身を隠してスイングビデオを観るとよくわかりますが、女子プロでも切り返しからフィニッシュまでは目にも止まらぬ速さで腰まわりがスパーンと回っています。上半身の力がない女子プロほど、体幹を上手く使って飛ばしているのです。

第3章

体幹スイング体感レッスン

1 体の中心に軸をイメージしてはいけない

体幹スイングをマスターするには、まず軸の意識を変えましょう。

多くのアマチュアの方は、背骨など体の中心に軸をイメージし、そこが動かないようにしていると思います。

しかしこの手法だと、いわゆる〝ギッタンバッコン〟のスイングになりかねません。軸を体の中心にキープしようとするほど、バックスイング側で右腰、フォロー側で左腰が引けて、回転による大きなパワーは引き出せません。

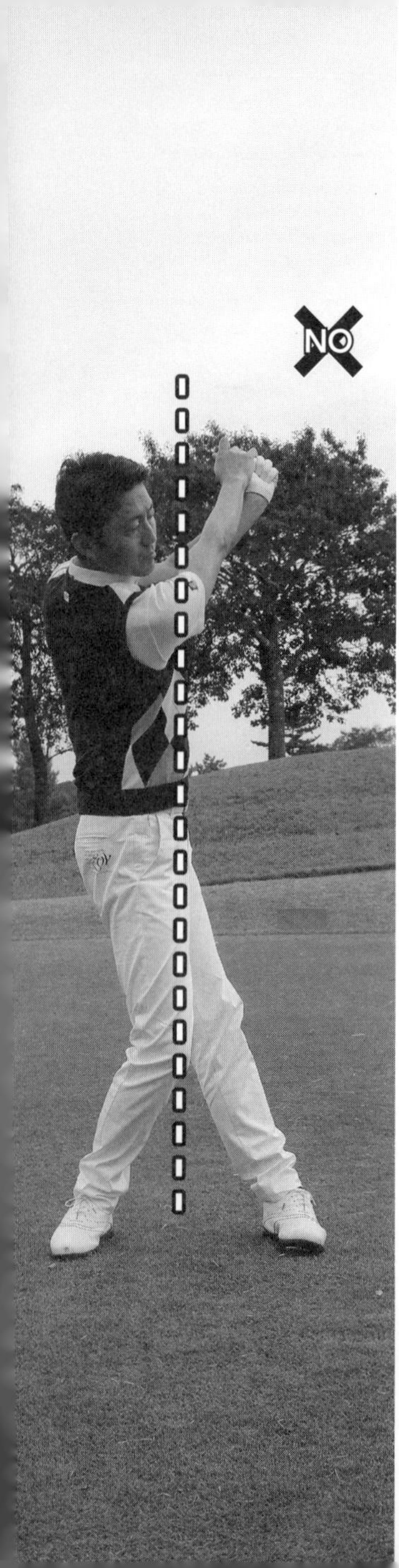

軸を動かさないよう意識しすぎると“ギッタンバッコン”になる

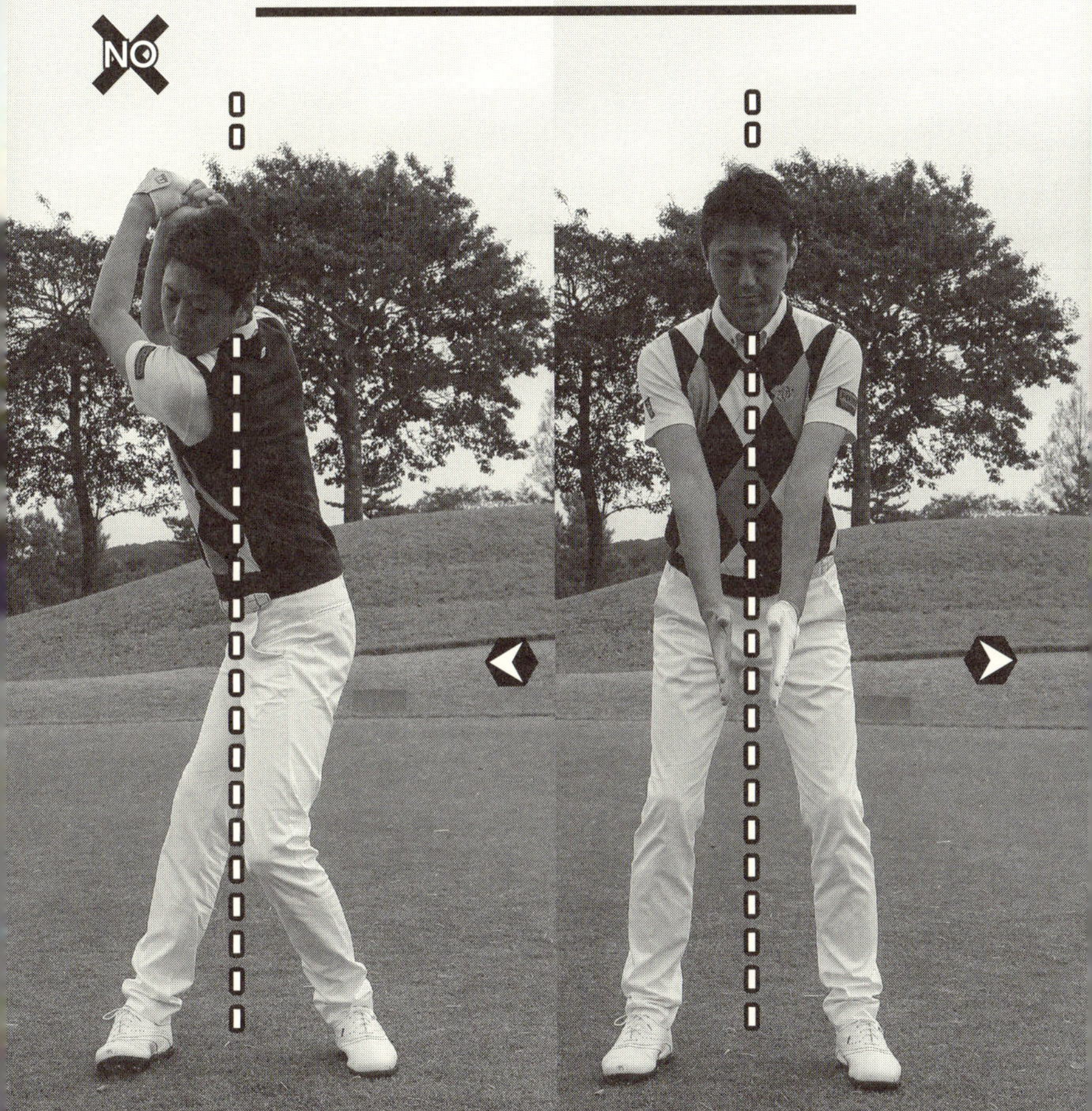

POINT 体の中心軸を動かさない意識が過剰になるとバックスイングで右腰、フォローで左腰が引ける

2 体重移動を入れるとスエーする

前項のお話とは逆に、体重移動を積極的に使おうとしても、スエーする心配があります。バックスイングで腰が右に、ダウンスイング以降で左に横ズレします。この動きはスライドしているだけでターンはできていないので、クラブを強く振るパワーにはつながりません。プロの中には、スタンスを広くとり体重移動を使って打つ選手がいますが、強靭な筋力と高い柔軟性が必要ですので安易にはおすすめできません。

NO

体重移動を使って打つには トレーニングが必要

POINT 積極的に体重移動を使って振ると、バックスイングで右、フォローで左に腰がスライドして典型的なスエーになる

3 背骨軸の意識は古い⁉　軸は骨盤を意識して

ではどうすれば軸を保ちつつ、しっかり体重移動してパワフルなボディターンができるのか？　正しく体幹で回転運動ができれば軸はブレることなく自然と安定します。バックスイングでは右足が軸となって左の腰骨が前に出るように回転します。インパクトからフォローでは左足が軸となって右の腰骨を勢いよく突き出します。

どちらに回転するときも、腰が左右にズレたり後ろへ引けたりしないように回転できれば、誰でも驚くほどパワフルなボディターンができるようになります。

バックスイングで左の腰骨、ダウンスイング以降で右の腰骨が前に出る

POINT 体幹スイングでは左右の腰骨が順に前に出るように体幹を動かすだけ。バックスイングは右ヒザ、ダウンスイングからフォローでは左ヒザを軸と意識して体を回転する

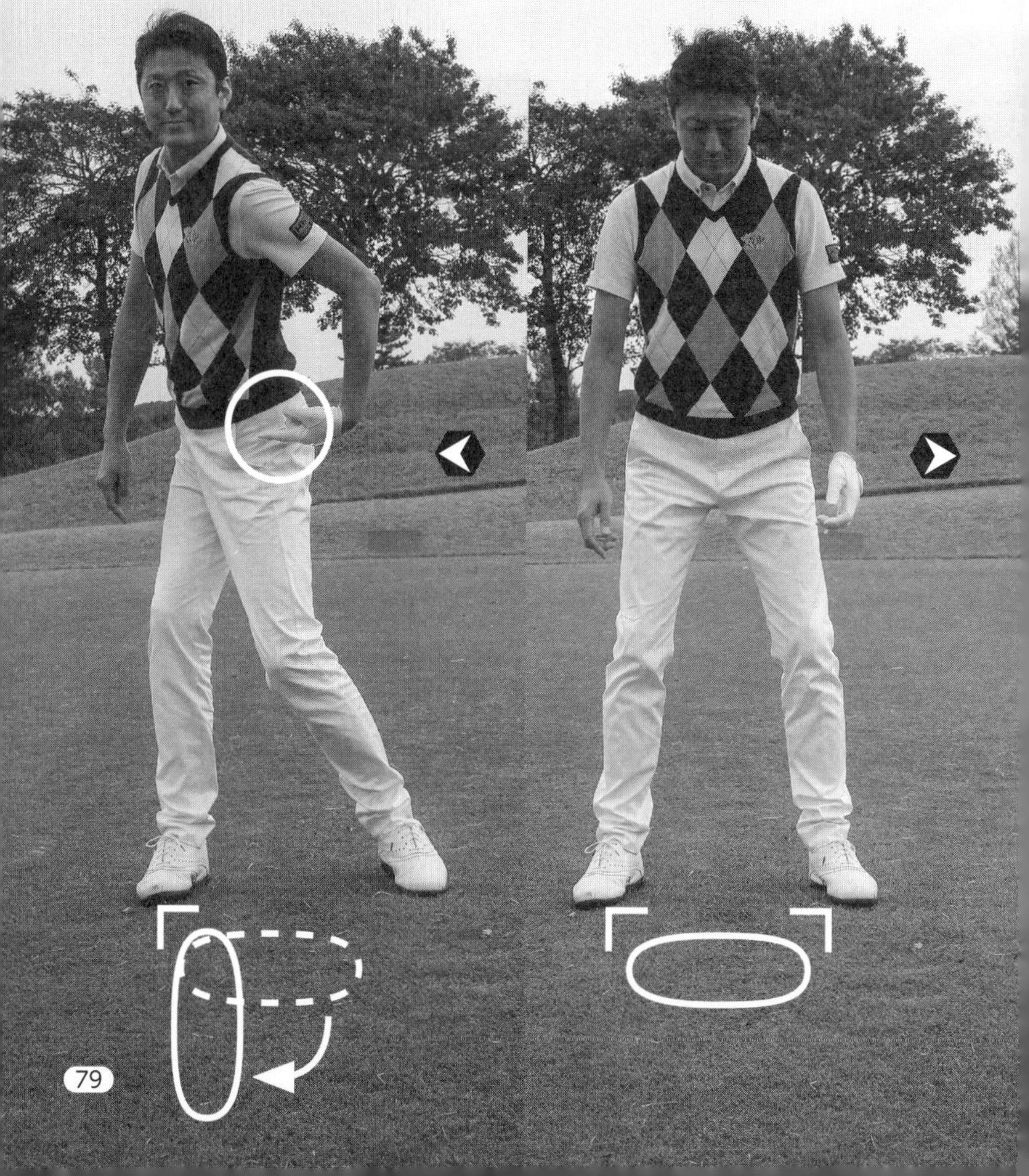

4 コンパスムーブで体幹の動きを疑似体験

体幹の動きを体験するには足を開き、右足を軸に４分の１の円を描くように左足を前に出します（写真①）。両足が直角の関係になったら腰の位置はそのままに左足だけ元に戻すと体幹が右を向いた状態に。これがバックスイング時の体幹の向きです。

逆に左足を軸に右足で４分の１の円を描き（写真③）、右足だけ元に戻せばフォロー時の体幹の向きになります。これで腰が後ろに引けたり、左右にスライドしないメカニズムがわかっていただけると思います。

足をコンパスのように使って 4分の1の円を描く

POINT 4分の1の円を描いたら、動かした足だけを元の位置に戻す。①の写真がバックスイング時の体幹の向きになり、③の写真がフォロー時の体幹の向きになる

5 カベを背にスイングしてもお尻はカベに当たらない

体幹スイングの骨盤の動きは、カベを背にシャドウスイングしていただくとよくわかります。

体幹が正しく動けばバックスイング側でもフォロー側でも腰が後ろへ引けません。クラブを持たない状態なら、お尻がつくかつかないかの間隔でカベを背にしても、体幹をクルクル回転してフルスイングできるは

ずです。

　バックスイングで右のお尻、あるいはフォローで左のお尻がカベに当たらないように、バックスイングで右ヒザ、フォローで左ヒザをしっかり踏ん張って、正しくパワフルなボディターンを体得しましょう。

腰骨は前に出ていいが後ろには引かない

POINT　体幹でスイングできると、バックスイングでも、フォローでもお尻がカベに当たらない

6 ハーフウェイバックで右への回転は終了

体幹でバックスイングするとハーフウェイバックまではクラブヘッドが体の正面にあります。このときクラブは腰の高さ。トップの位置に比べてまだ半分しか上がっていませんが、手は体の真横まできているのですから、クラブと手を常に体の正面に置く約束を守るためには、この時点で体幹は回り切っていないといけません。トップで体が90度回るとしたらハーフウェイバックでは45度程度と思いがちですが、すでにここで90度になっています。

ハーフウェイバックで体幹は右を向き切る

POINT ハーフウェイバックまでクラブは上体の正面。おヘソからクラブが真っすぐ生えているイメージ

7 完全ボディターンのテークバックとフォローを疑似体験

体幹を使ってテークバックとフォローができるとハーフウェイバックとハーフウェイフォローでグリップエンドがおへソを指すはずです。この動きは体幹スイングの根幹をなすとても重要なポイントなので疑似体験してみましょう。

グリップエンドをおへソにつけてシャフト部分を両手でグリップ。そこから体幹ごと回転しておへソを真右と真左に向ける。手からヘッドが体の正面にあり続ければ合格です。

このポジション
からスタート

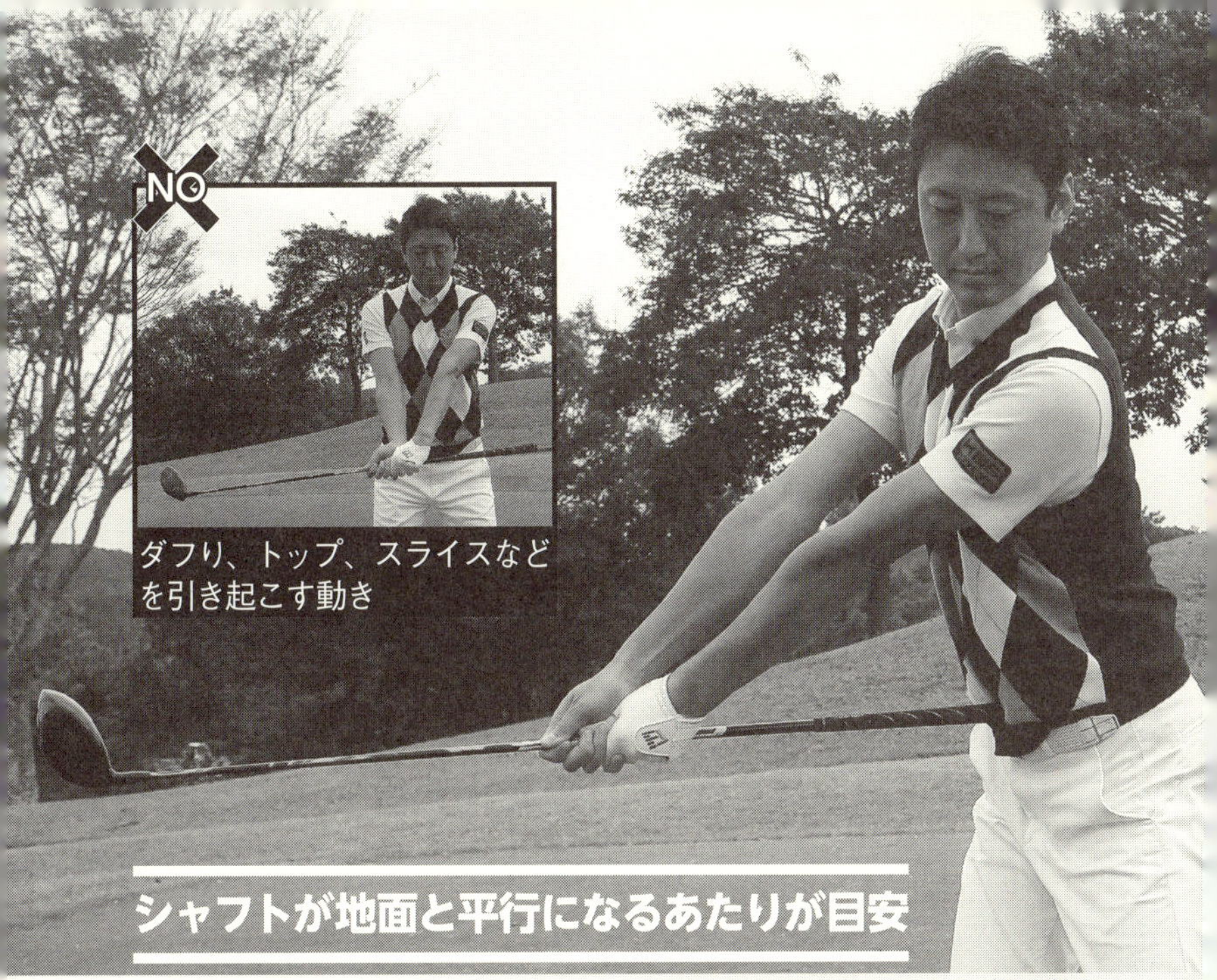

ダフり、トップ、スライスなどを引き起こす動き

シャフトが地面と平行になるあたりが目安

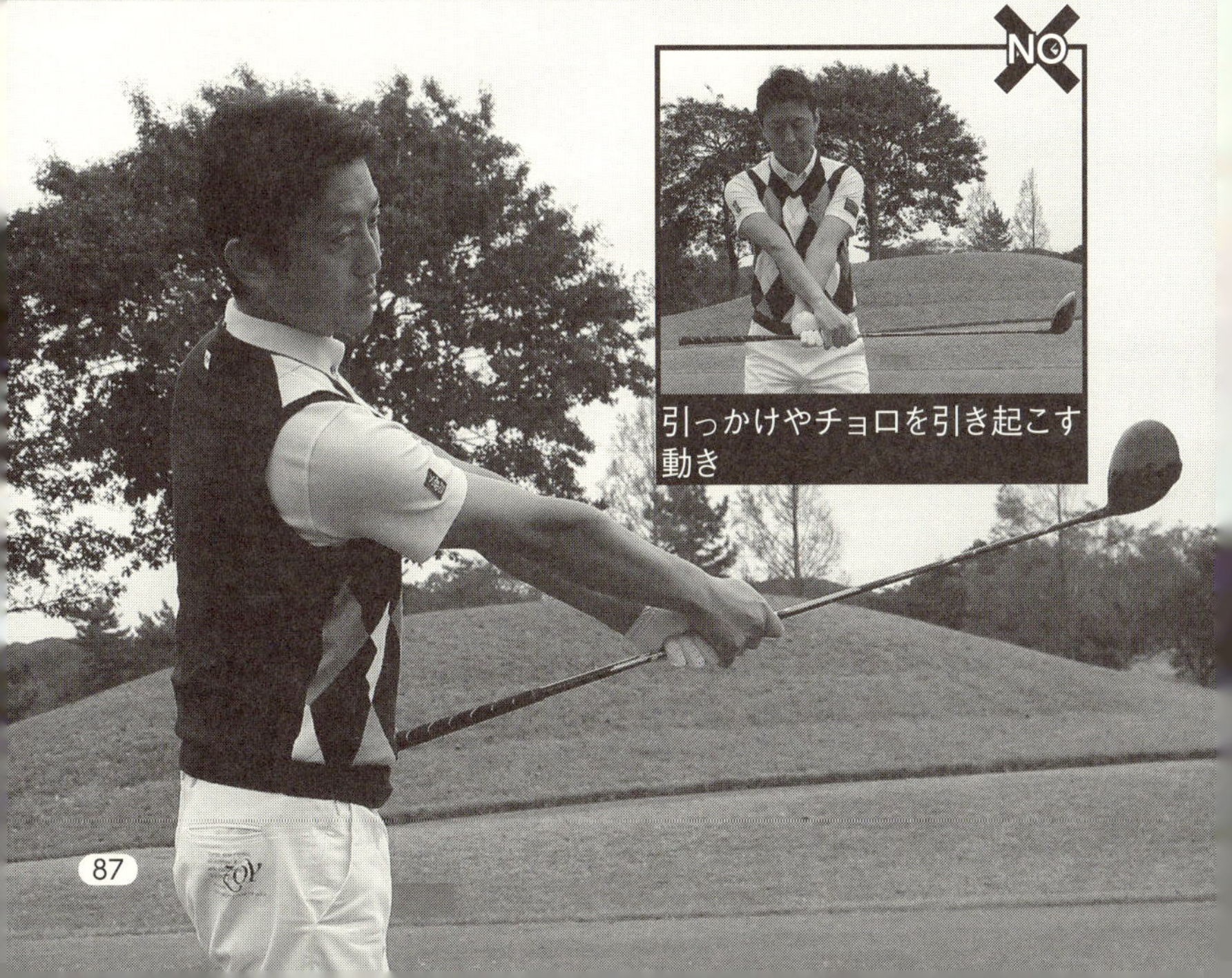

引っかけやチョロを引き起こす動き

8 体幹が右を向き切ったら腕を上げる

バックスイングで体幹が右を向き切り、それ以上動けなくなったら腕を使ってクラブを上げます。両腕が伸びたままでは上がらないので右ヒジをたたむ。左ヒジはなるべく伸ばした状態で、上がるところまで上げればＯＫ。上がり切った位置がトップになりますが、トップの形を作る意識はいりません。右ヒザを動かさないように体幹を回せば、「これ以上回せない」ところで回転の深さが決まりますし、左ヒジを曲げないようにクラブを上げれば、「これ以上は上げられない」トップの高さがおのずと決まるはずです。

体幹が右を向いたら右ヒジをたたみながらクラブを上げる

POINT

クラブを手で上げようとしない。左ヒジを伸ばしたまま行けるところまででOK。右ヒザを動かさないのもポイント

9 右ヒザと左肩が一直線上にくるのがトップの理想形

実際にボールを打つときにはトップの形を気にしなくてもいいですが、素振りの練習では理想の形を確認することが大切です。その場合、クラブが上がり切ったところで、右ヒザと左肩が一直線上に位置するのが目安になります。

体の真ん中を通る軸を中心に回るイメージがあると、右腰が引けて右ヒザが伸びる（P74参照）。間違った体重移動が入るとスエーする（P76参照）。ともに右ヒザの上に左肩がくる形にはなりません。

POINT 右ヒザが伸びたり、外に向かって開かないようにする

右ヒザの真上に左肩がくる

10 体幹が回りづらければツマ先を開いて立つ

バックスイング側、フォロー側で体幹が回りづらい人は、回りづらい側のツマ先を開いたスタンスをとってもいいでしょう。

右に回りづらければ右ツマ先、左に回りづらければ左ツマ先を開くわけです。両方とも回りづら

フォロー側が回転しづらい人は左ツマ先を少し開く

ツマ先を開いて立つと体幹の回転を促せる

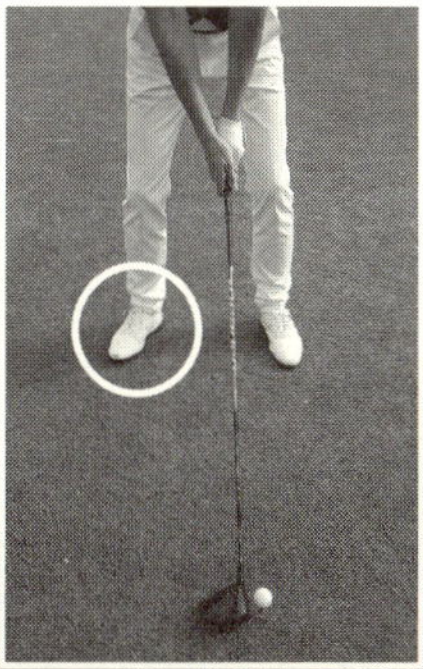

バックスイング側が
回転しづらければ右
ツマ先を少し開く

ければ、両方を開いて〝逆ハの字〟にしてもいいですが、開きすぎはパワーが逃げるのでNG。肩幅以上に広いスタンス幅は高い柔軟性を必要とするため、女性やジュニアゴルファー以外にはおすすめしません。

11 インパクトで〝右肩を止める〟は間違い

ゴルフスイングは回転運動、右肩を止める意識があると、せっかくのパワーにブレーキをかけることになります。かといってインパクトで右肩が大きく出っぱるとクラブ軌道がアウトサイドインになり、引っかけ、スライス、シャンクなどのミスになります。

これを一発で解消するには、腰やお尻の体幹部に力を入れて肩から腕は脱力し、この状態を維持したまま体幹主導で体を回すこと。すると肩が腰の回転に対して一瞬だけ遅れて回転をはじめ、おのずと右肩が出ないインパクトになります。

体幹が主導して回れば肩は自然とワンテンポ遅れて回る

ダウンスイング～インパクトで右肩を止めない！

肩や腕に力が入ると右肩が出てアウトサイドイン軌道になる

12 インパクトに向かって左前腕を左に回す

体幹の回転を先行させてクラブを下ろすと、左上腕が回転に引っぱられて苦しくなるので大抵の人は左手の甲が上を向きます。するとクラブフェースが開き、打球は右に飛び出します。

スクエアにインパクトするには左手甲をボールに向けていくイメージで、左前腕を反時計回りに回す動きが必須。ただ、やり慣れていないので練習が必要になります（P98参照）。

POINT

フェースを開かずに下ろすと左ヒジと左手甲の向きはこうなる

なにもせずにクラブを下ろすと
左手甲が上を向きフェースが開
いたままになりやすい

ダウンスイングで左手の甲を
ボールに向けていく感じ

13 左ヒジから先を左に回しながらボールを投げる

　ダウンスイング時の左腕の動きは、左手に持ったボールを目標方向に投げて簡単に覚えられます。左前腕（左ヒジから先）を反時計回りに回しつつ左手の甲を下に向けながらボールを放り投げてみてください。

　誰でもできると思いますが、スイングではほとんどの人が左手の甲を上に向けたまま振ってしまいます。

　この形がアマチュアのミスの97%といわれるスライスミスの原因です。ボールは投げなくていいので普段から正

POINT 狙った方向に勢いよく投げるには、左ヒジから先を左に回しながらボールをリリース。投げたあとは左手甲が下を向く

しい動きをやっておきましょう。スイングに反映できます。

NO
アマチュアは左前腕を回さず、左手甲が上を向いたまま投げる形で振る

POINT
ヒジから先を左に回す

14 ヘッドの最下点とヘッドスピードが最適化される

体幹主導で打てないとアーリーリリースになり、ダウンスイング時にヘッドが描く円弧がバックスイングより大きくなります。腕が伸びるのが早すぎればフォローでのたたみも早まるので、インパクト以降の円弧は小さくなるばかり。これだと飛距離も出ません。

体幹が動いてタメができると、ダウンスイングでヘッドが体の近くから下りるため弧が小さくなり、フォローに向かって大きくなります。そのためヘッドスピードもインパクトでマックスにすることができます。

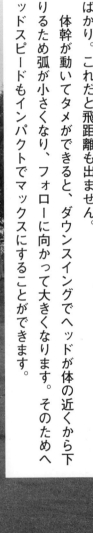

POINT 狙った方向に勢いよく投げるには、左ヒジから先を左に回しながらボールをリリース。投げたあとは左手甲が下を向く

フォローに向かって大きな弧が描ければOK

スイング中の
7ポイントで
フェース向きを
チェック！

体幹スイングでヘッドスピードと反復性が上がっても、フェース向きをコントロールできなければ、真っすぐには飛ばせません。これから紹介する7つのポイントでのフェース向きを、練習の途中で時折チェックして、体幹スイングの完成度をさらに高めましょう。なお、ここで大きくお見せしているのは、すべてスイング中の自分から見えるフェースの向きです。自分で見えない場合は、鏡で確認します。

チェックポイント 1

アドレスではフェースが12時を指す

アドレス

アドレス

チェックポイント2

ハーフウェイバックでフェースは11時を指す

ハーフウェイバック

ハーフウェイバック

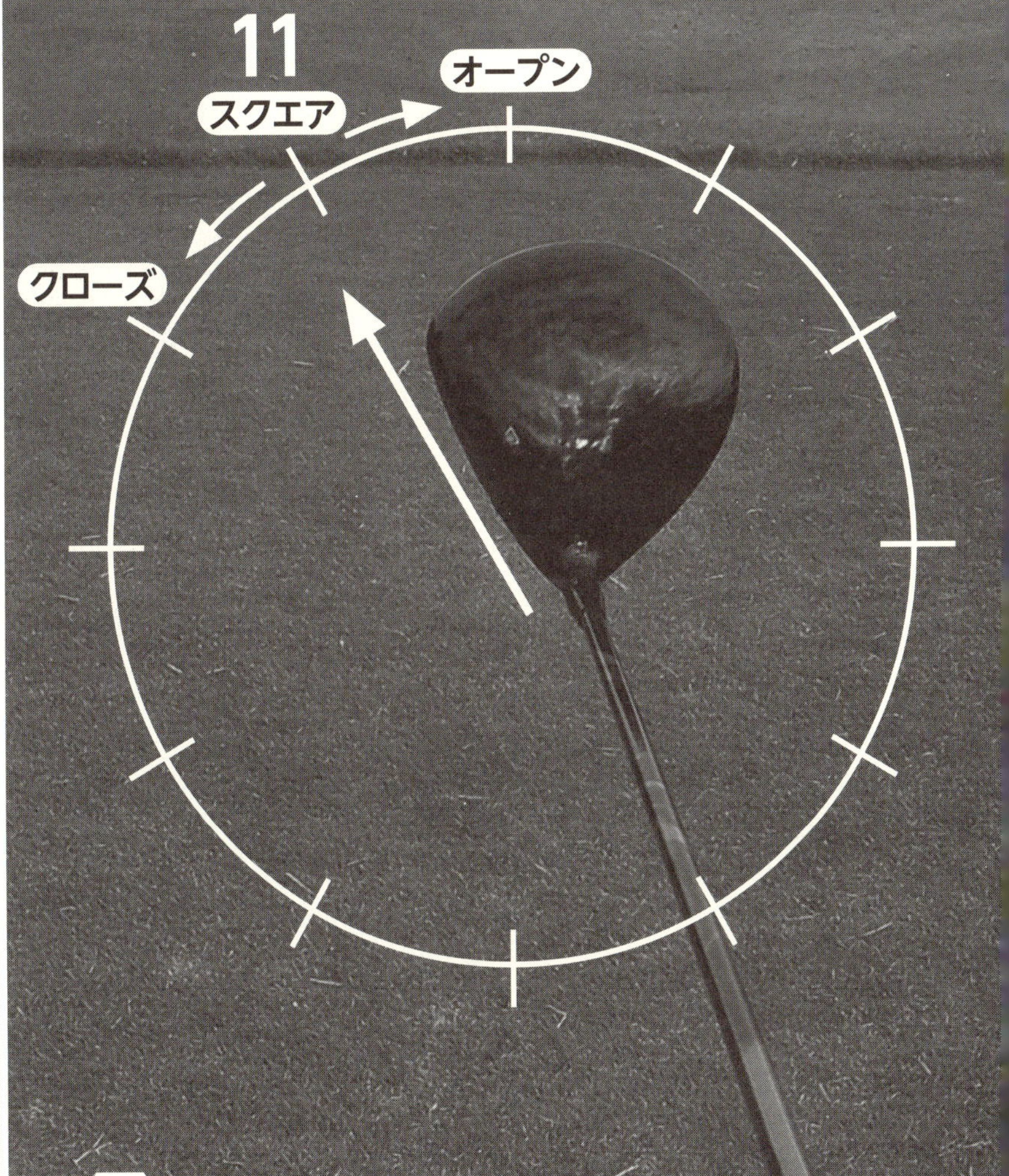

POINT 時刻が早いほどフェースが閉じすぎ。
時刻が遅いほど開きすぎている

チェックポイント3
トップでフェースは4時を指す

POINT

フェースが指す時刻が早ければ閉じすぎでフック、遅ければ開いてスライスのミスになる。鏡で確認してみよう

トップ

チェックポイント 4

ハーフウェイダウンでフェースは11時を指す

POINT このタイミングでのフェース向きが、最もインパクト時のフェース向きに影響を及ぼす

POINT フェースの時刻が 11 時前なら閉じてフック、11 時すぎなら開いてスライスしてしまう

ハーフウェイダウン

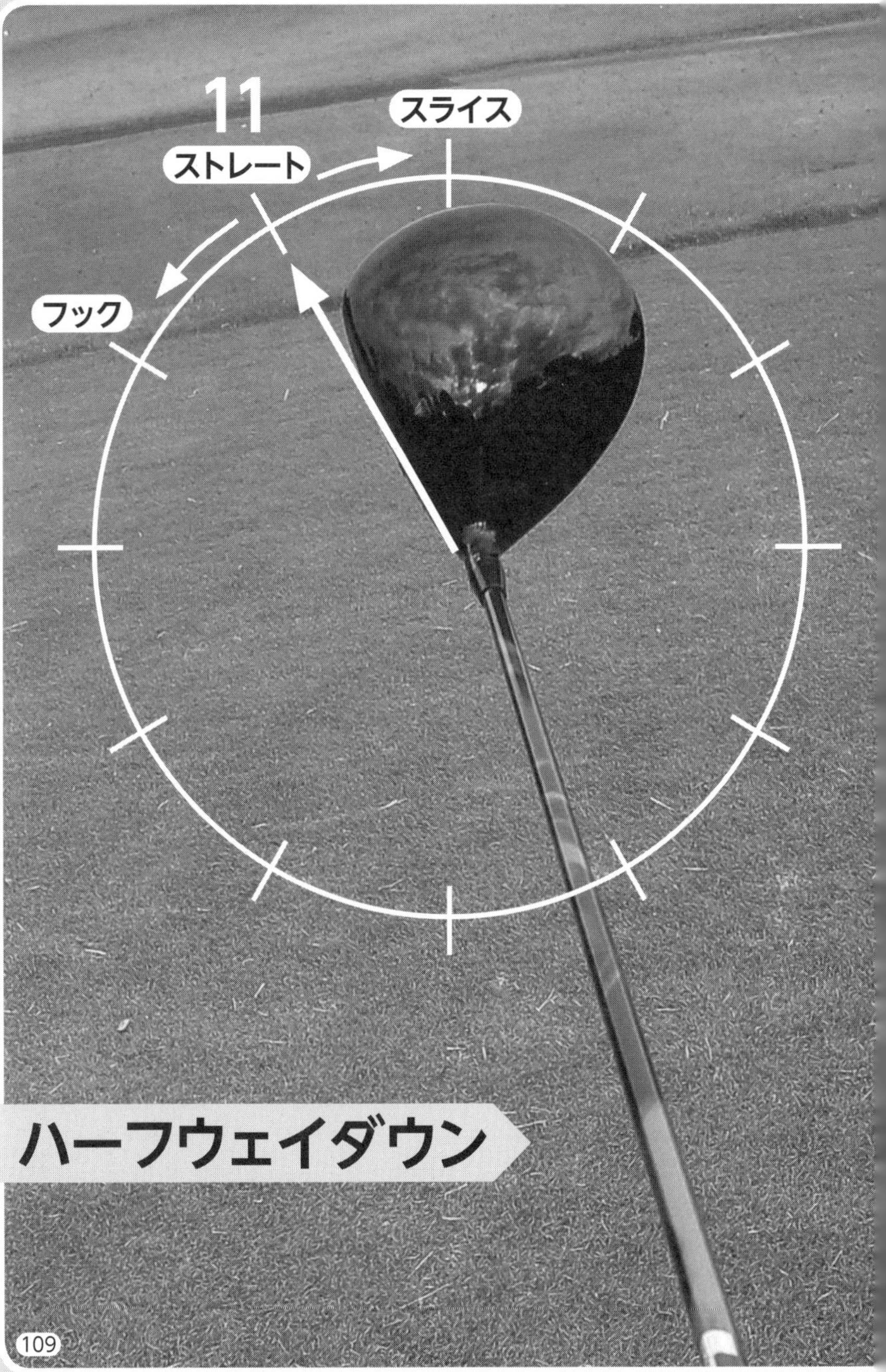

ハーフウェイダウン

チェックポイント 5

インパクトでは フェースは12時を向く

POINT フェース向きがアドレス時に戻る

インパクト

インパクト

チェックポイント6

ハーフウェイフォローで フェースは11時を指す

ハーフウェイフォロー

POINT 11時前ならフェースを閉じて、過ぎていたら開いてヒットした可能性大

ハーフウェイフォロー

クローズ

チェックポイント7

フィニッシュでフェースは7時を指す

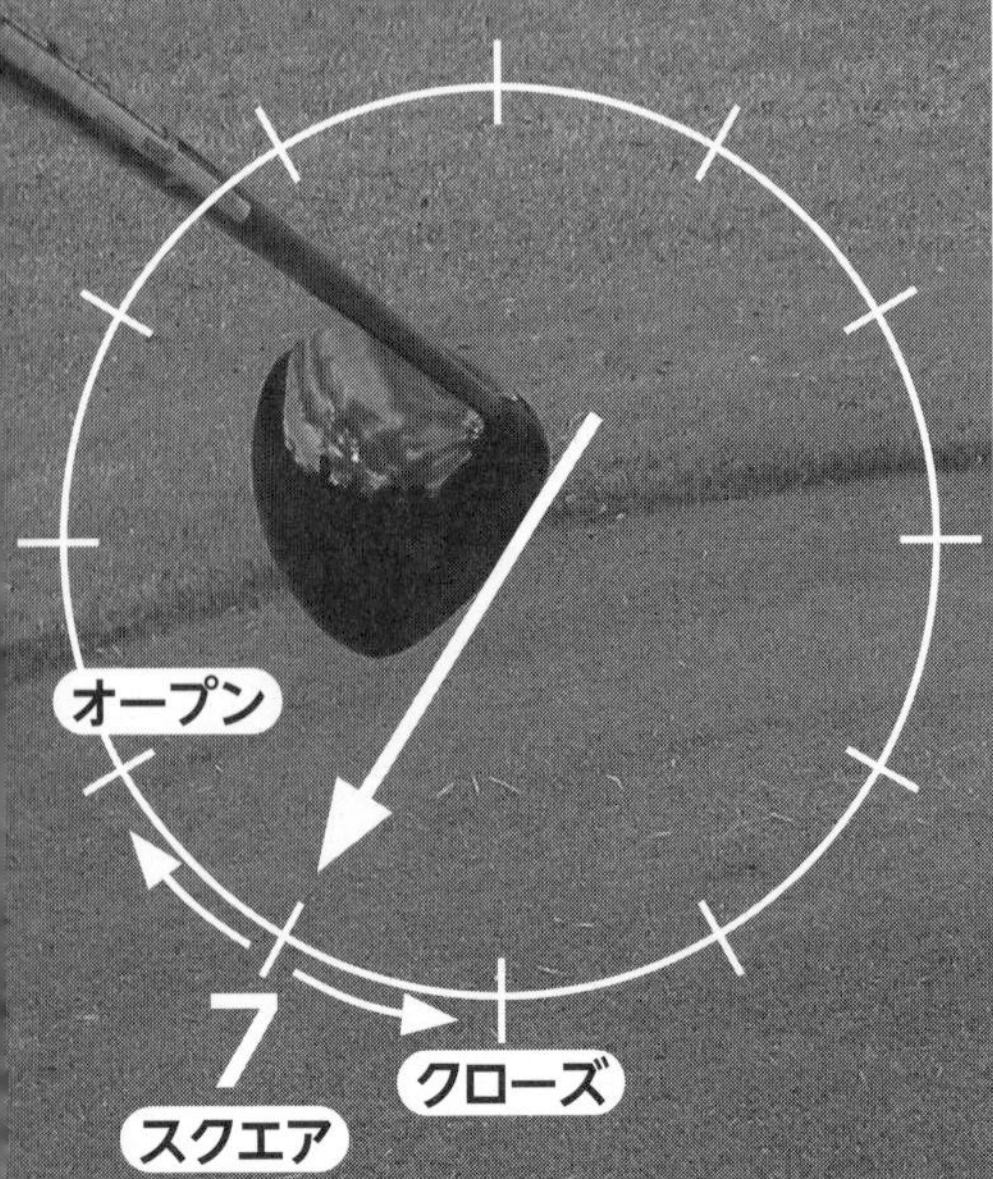

POINT 首が苦しくてフェース向きが見えにくい場合は、鏡で確認してみよう

TOUR

ここまでで紹介した7つのポイントでのフェースの向きは、フェースが開きも閉じもせずスクエアに使えたとき、いわばストレートボールを打つときの向き。これを基準にどこでどうなっているのかをチェックしてください。

たとえばフッカーの場合、7ポイントのどこかでフェースが閉じた向きになっています。スライサーの場合はフェースがどこかのポイントで開いているはずです。

スイングは一瞬ですので、バックスイングであれダウンスイングであれ、7ポイントのどこであってもフェース向きが閉じたり開いたりすれば、インパクトでスクエアにヒットすることができず、ストレートボールを打つのが難しくなってしまいます。

ということで、フッカーもスライサーも、どのポイントでフェースが開くのか、閉じるのかを見極め、そのフェース向きをスクエアにすること。またほとんどのゴルファーは利き手の右手でフェース向きをコントロールしてミスを誘発するので、フェースコントロールはグローブをしている左手で行うように心がけてみてください。

第４章

体幹スイングを生かす アドレス＆グリップの条件

1 スタンス幅が広すぎると回転スピードが落ちる

軸をズラさないようスタンス幅を広くとる方が多いですが、肩幅を超えるスタンス幅は下半身が固定されてしまうのでボディターンが浅くなり、回転スピードを上げるのが難しくなります。

プロでも体に柔軟性があるうちはワイドスタンスですが、30歳を過ぎると狭くなる傾向があります。鏡で確認する、あるいは、肩幅とヒザ下の長さがほぼ同じですので、写真のように右ヒザをつき、左足をヒザの位置に置けば肩幅のスタンスにできます。

POINT

写真のようにヒザ下の長さを目安にスタンス幅を決める。体幹をシャープに回すにはドライバーからアイアンまで同じスタンス幅が理想

ワイドスタンスは手打ちの温床

POINT フィニッシュで右ヒザと左ヒザが揃う。広すぎると回転不足になる

2 重心位置は土踏まずのやや前

手打ちの人や上体だけひねって打とうとする人は、重心をカカト側に乗せてアドレスする傾向があります。

ゴルフに限らず全スポーツにおいて、これから動こうというときに重心がカカトにくることはありません。重心位置は土踏まずのやや前。重いものを腕ではなく背筋で引っぱり上げるようにして構えると、自然と安定感のあるアドレスができます。

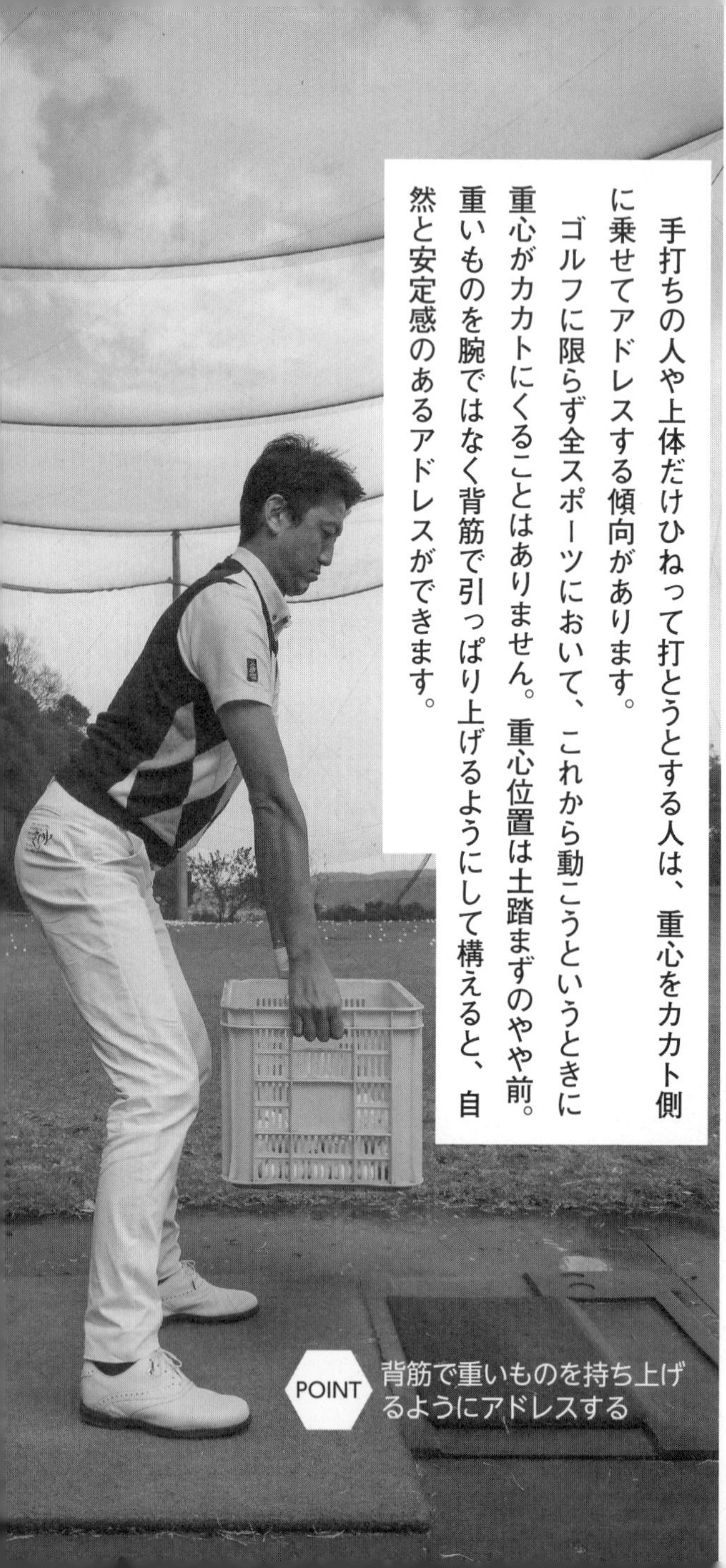

POINT 背筋で重いものを持ち上げるようにアドレスする

カカト重心では
スムーズに動けない

3 クラブが替わってもスタンス幅、前傾角度、手の位置は同じ

短いクラブは狭めのスタンスで手を近づけて深く屈み、長いクラブは広いスタンスで手を遠ざけて構える方をよく見かけますが、これではクラブによってスイングが変わってゴルフが難しくなるばかり。アイアンがよくてドライバーが当たらないのもこれが原因です。全クラブ同じスイングがシンプルですから、アドレスも全クラブ同じが理想。ボール位置が変わるだけで、スタンス幅、前傾角度、手の位置が同じアドレスにしましょう。

クラブが替わっても手の位置は同じ

4 ハンドダウン、ハンドアップも力が入る原因

ハンドダウンでもハンドアップでも上半身に力が入ります。理想は股関節から上を30度前傾させ、両腕がダランと真下に垂れたところでクラブを持つこと。これができると自然に肩と腕の力が抜け、お腹と背中、お尻に力が入るはずです。イメージは思い切りボールを投げるとき。上体や肩、腕に力を入れる人はいないでしょう。

両腕が真下に垂れたところでクラブを持つ

POINT ハンドダウンすぎてもハンドアップすぎても上体や肩、腕に力が入る

5 〝よいアドレス〟とは体幹スイングしやすい姿勢と考える

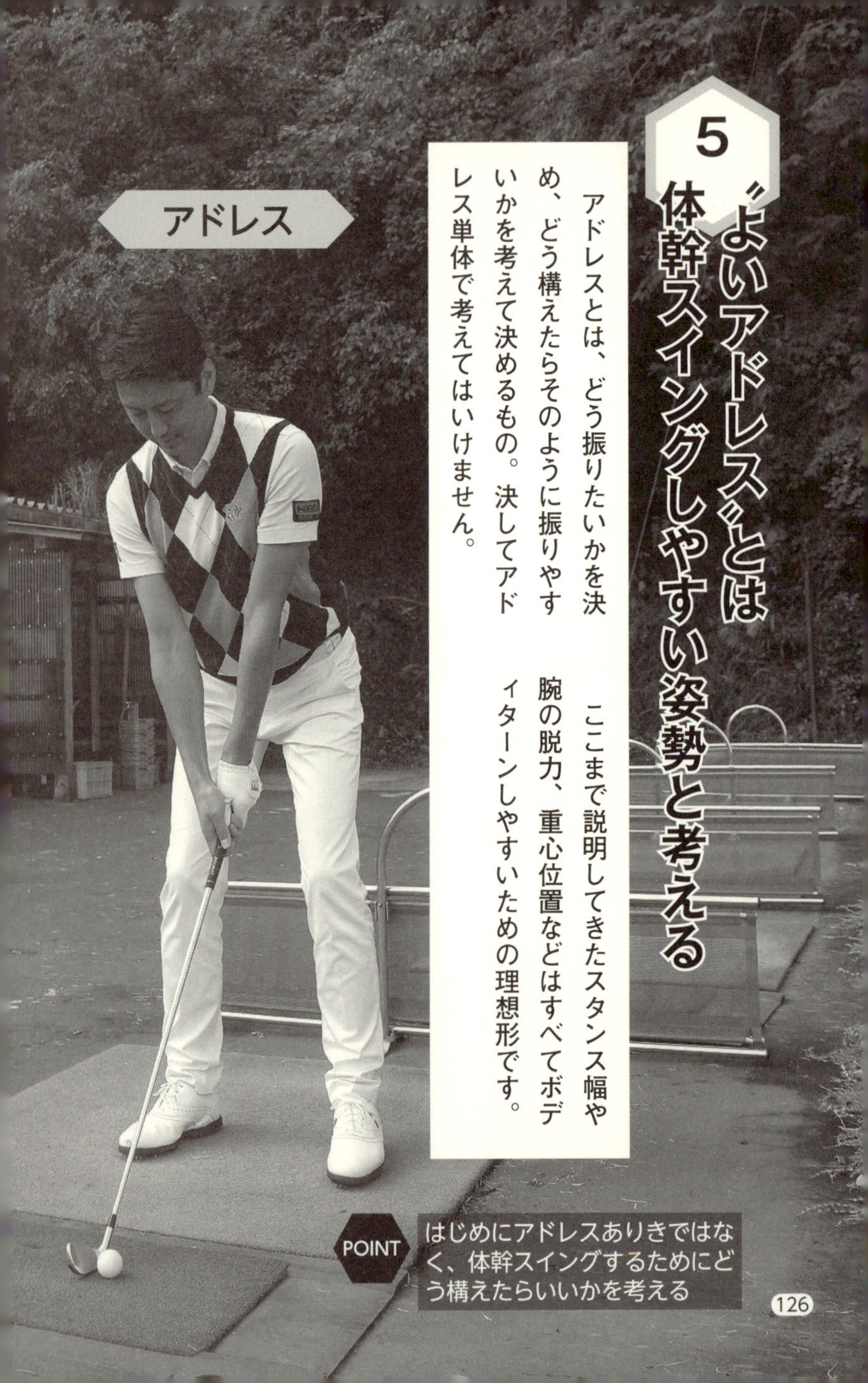

アドレスとは、どう振りたいかを決め、どう構えたらそのように振りやすいかを考えて決めるもの。決してアドレス単体で考えてはいけません。

ここまで説明してきたスタンス幅や腕の脱力、重心位置などはすべてボディターンしやすいための理想形です。

POINT はじめにアドレスありきではなく、体幹スイングするためにどう構えたらいいかを考える

アドレスとスイングを分けて考えない

YES

6 左手は手のひらに対して直角にクラブを持つ

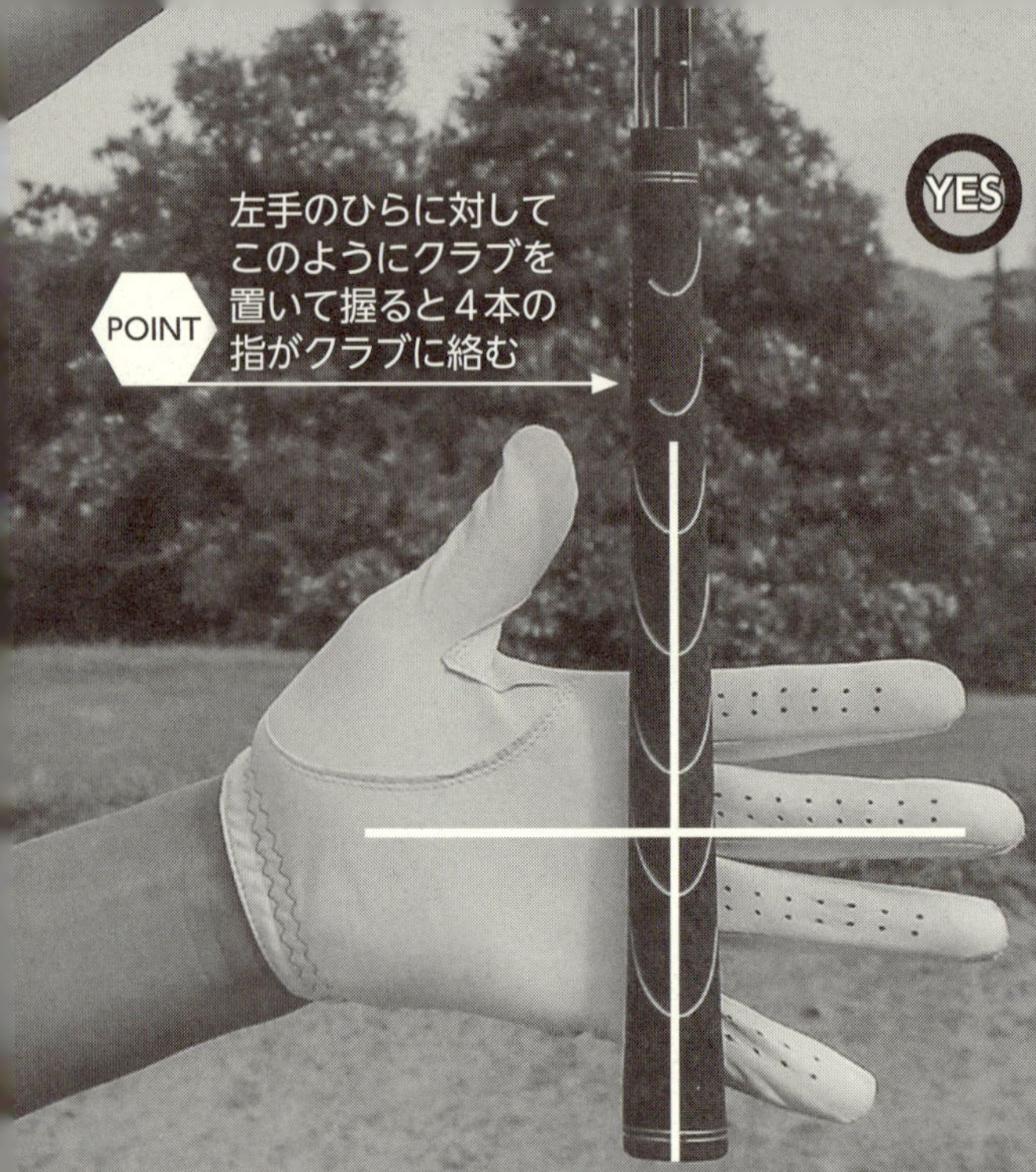

POINT
左手のひらに対して
このようにクラブを
置いて握ると４本の
指がクラブに絡む

直角気味に置いて握ると
４本指のつけ根が絡む

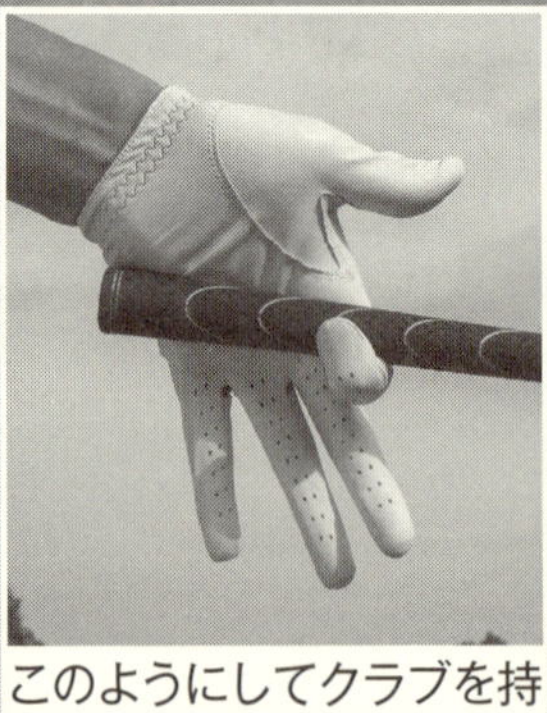

このようにしてクラブを持
ち上げられれば合格です

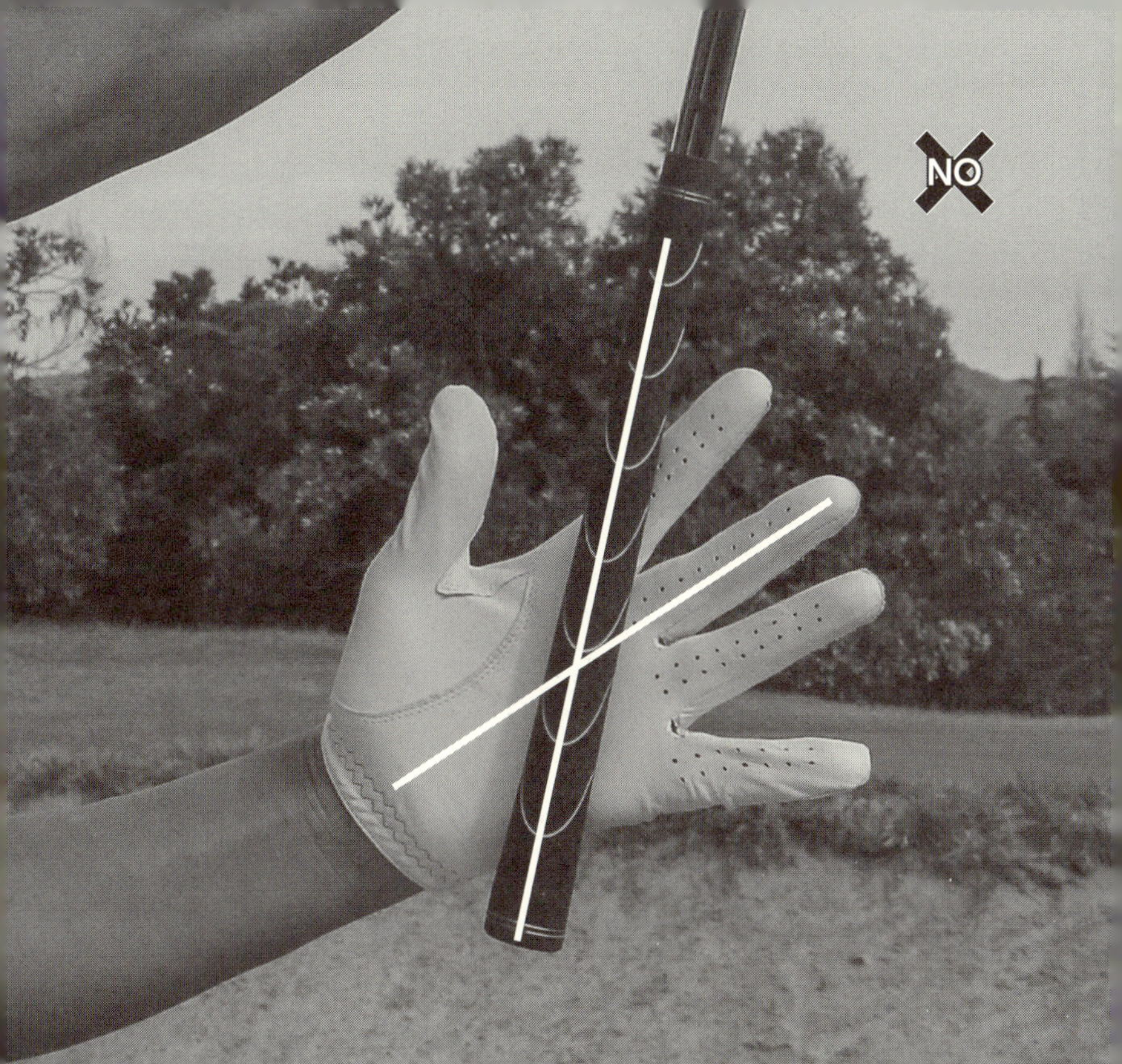

左手をグリップする際に、手のひらに対してクラブを斜めに持つ人が多いですが、それだと指のつけ根が絡むのは人さし指と中指の２本だけ。左手だけでグリップを安定させるには、親指以外の４本指をクラブにしっかり絡ませたいので、握るときは手のひらに対して直角気味にクラブを置きましょう。

左手のグリップがよりしっかりとクラブをホールドすることで右手の力が自然と抜け、真のボディターンスイングの準備が整います。

7 左手はしっかり、右手はボールを投げるように握る

左手
3本指でしっかり握る
POINT

左手はスイング中のフェース向きやヘッド軌道を管理するのが役目ですから、中指、薬指、小指の3本でしっかり握る。スイング中はほぼ最大の力加減で握り続けます。左手だけグローブをするのはそのためです。

右手はボールを投げるときの感じ。なるべく指先寄りで、強く握り込まず、引っかけるように持つ。スナップを効かせクラブヘッドを走らせるのが右手の役目です。

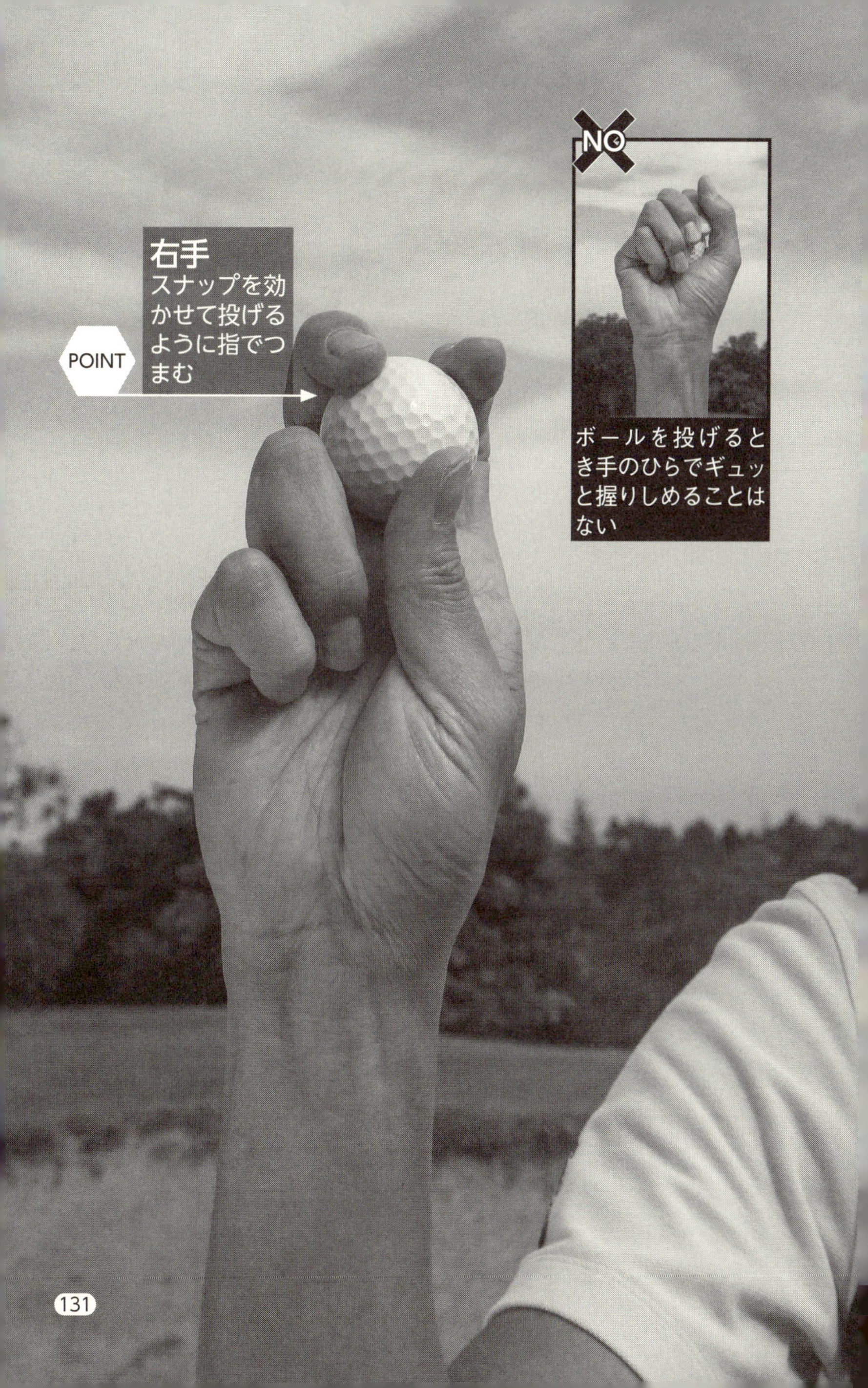
NO
ボールを投げるとき手のひらでギュッと握りしめることはない
POINT
右手
スナップを効かせて投げるように指でつまむ

8 指の隙間が空かないようキュッと詰めて握る

手打ちスイングの方の多くは、右グリップを手のひら寄りでワシづかみに握っています。

前述したように、右手の役目はヘッドを走らせて飛距離を稼ぐことなので、決して手のひら寄りで強く握ってはいけません。

親指以外の第2関節で引っかけるようにして、なるべく隙間からグリップのゴムが見えないように間隔を詰めて握るのがコツです。

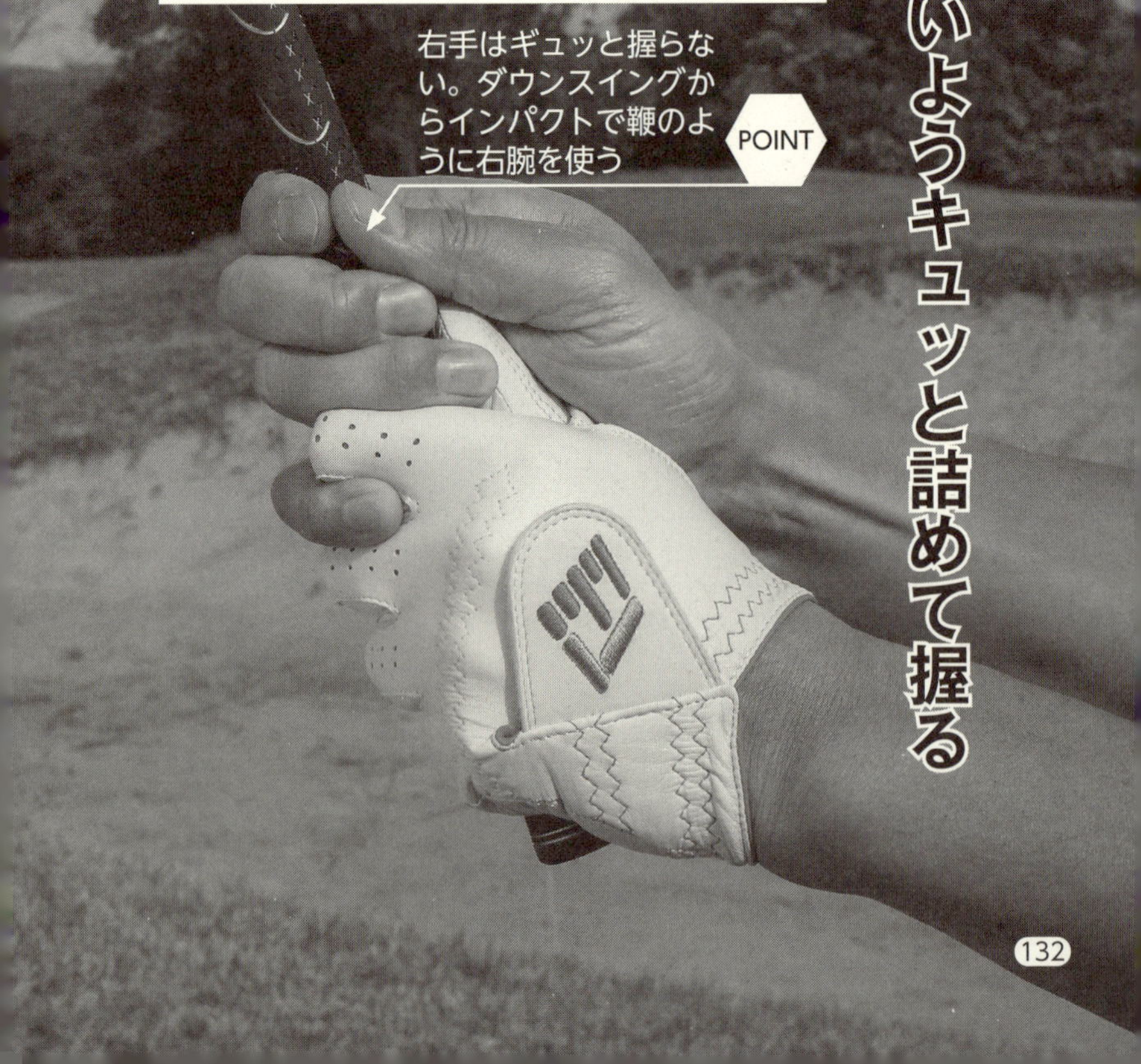

POINT
右手はギュッと握らない。ダウンスイングからインパクトで鞭のように右腕を使う

右手は握らず第２関節で引っかけるだけ

左手をしっかり握ったら右手の第３関節以外を曲げてグリップ部分に引っかける

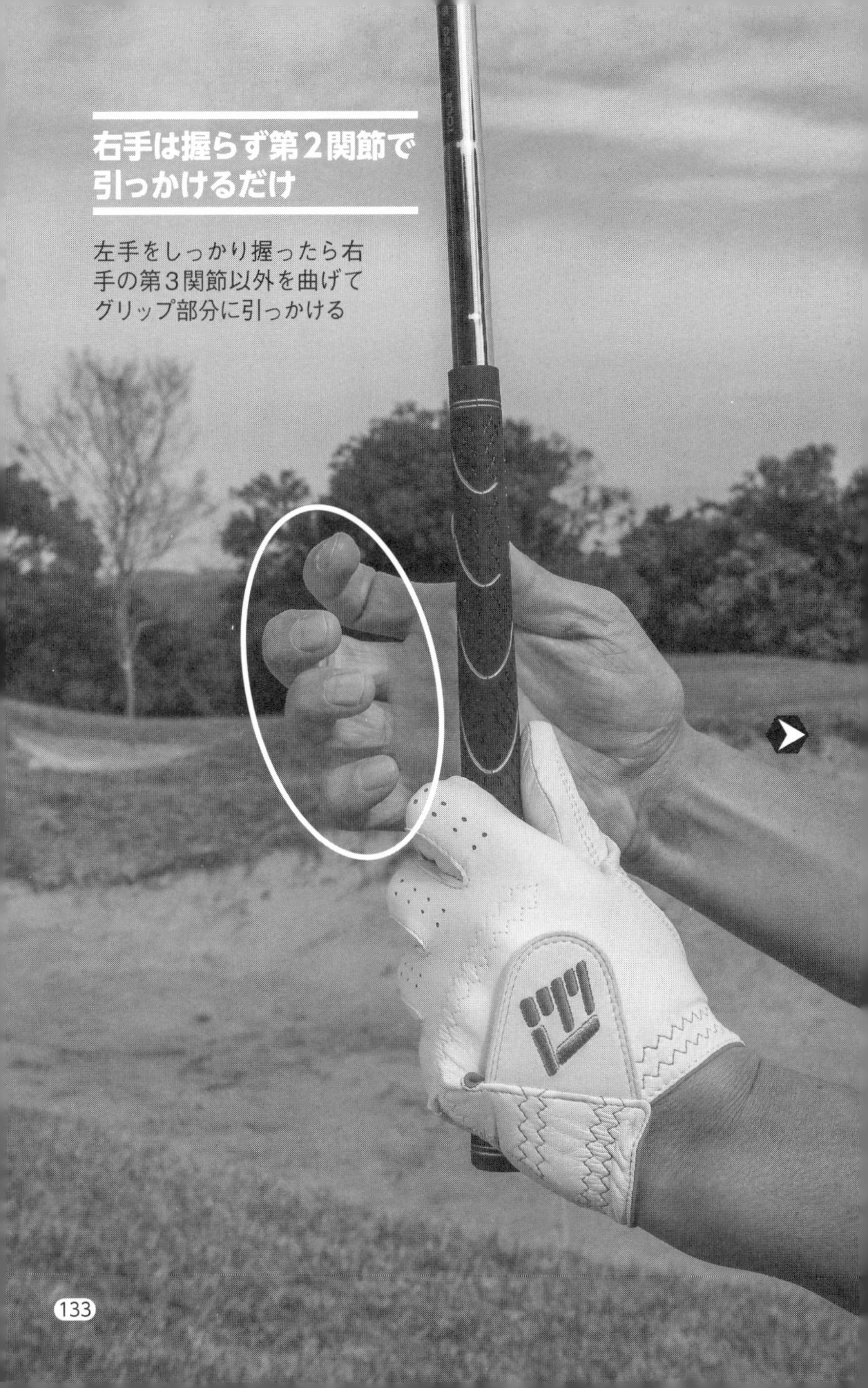

9 右グリップを正しく簡単に作る手順

まずは右手のひらを〝パー〟の状態にします。次に人さし指、中指、薬指、小指の第3関節は曲げずに、第1、第2関節を最大限に曲げます。最後に4本指でできた小さなトンネルにグリップを引っかけるように握れば完成です。

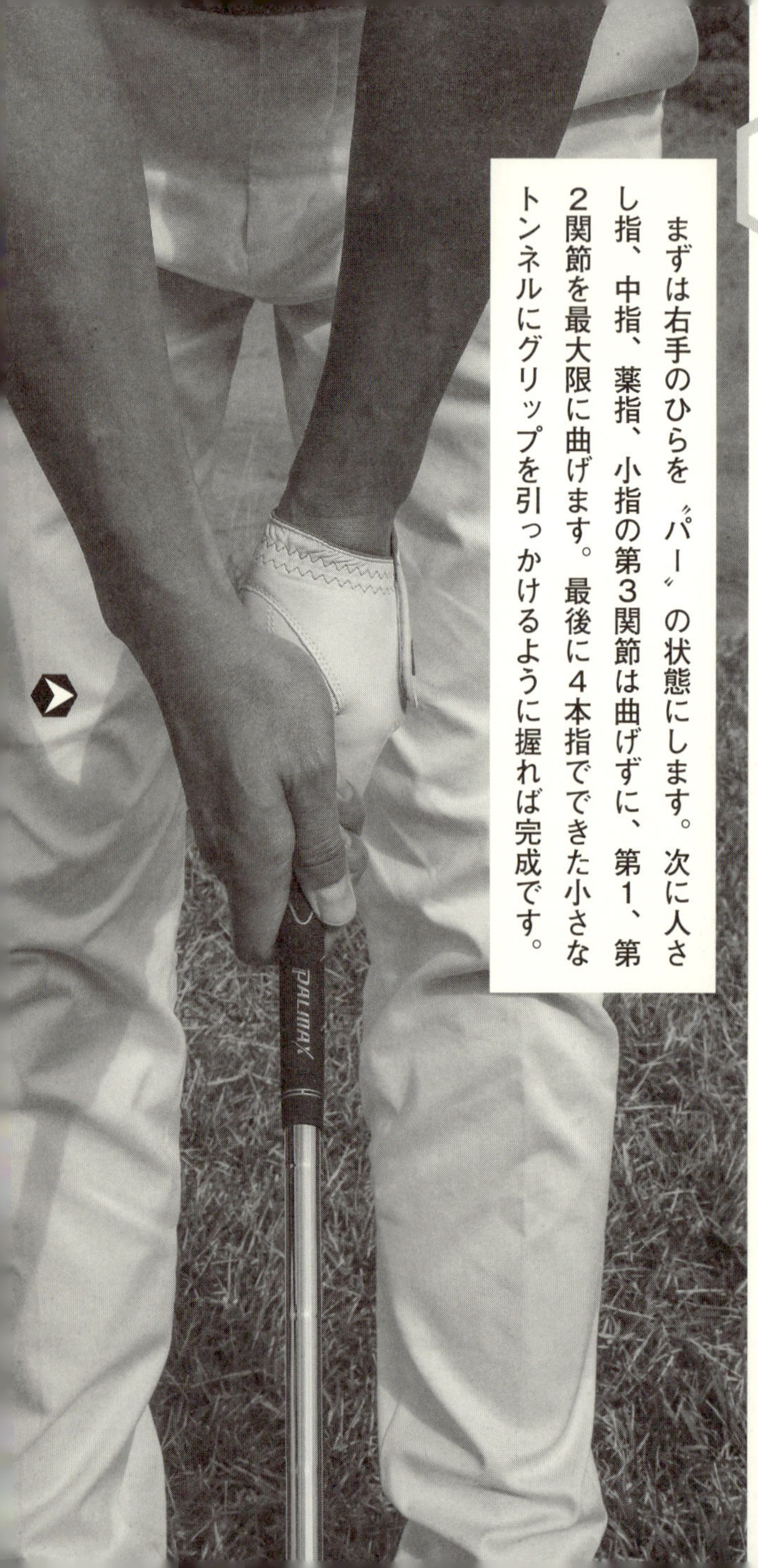

左手のひらと右手のひらが向き合うように持つ

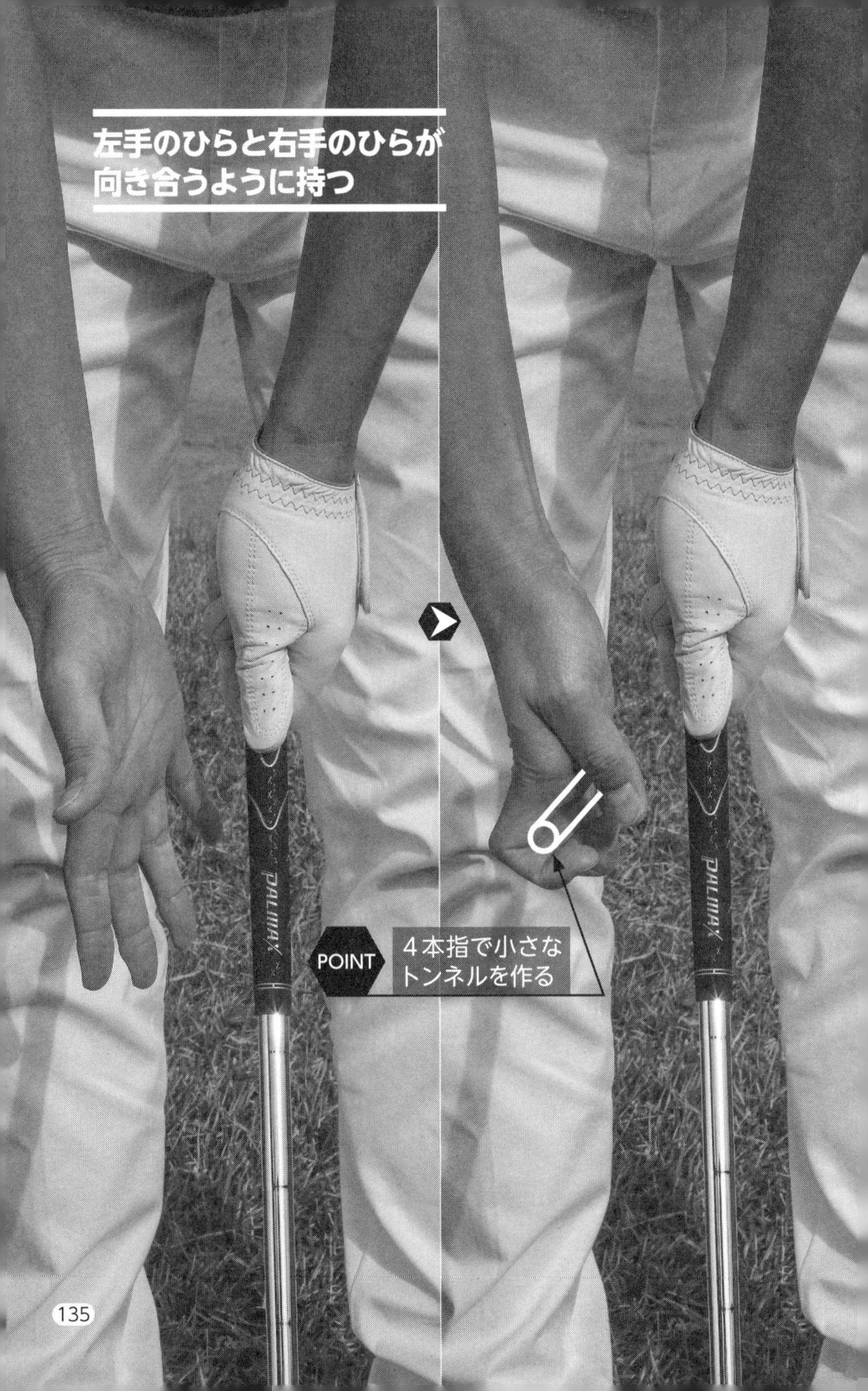
POINT
4本指で小さなトンネルを作る

10 ややストロングがいまどきのスクエア

グリップしてアドレスすると親指と人さし指のつけ根でできるV字の先端が右肩を指します。

20年前まではV字がアゴを指すのがセオリーでしたが、リストターンからボディターンにスイングが進化した現在は、ややストロングに握るのがオーソドックス。このV字の向きをニュートラルとし、もし右へのミスが多い場合はストロングにしてもいいでしょう。その際はV字の先端が右股関節を指します。

ストロンググリップ

POINT
ボールが右に飛ぶ人はストロング度を強めてもいい
左手の親指と人さし指のV字の先端が右肩から右股関節を指す

体幹スイング
COLUMN 2

リリース解放!! の瞬間に
ヘッドスピードは一気にハネ上がる！

切り返しからダウンスイングがはじまり、インパクトからフォローまで、ヘッドスピードは一定速ではありません。右ヒジと手首のリリースを解いた瞬間だけスピードが急加速します。

インパクト前で右ヒジと手首の角度が解けるアーリーリリースは手打ちの典型的な症状ですが、こうなるとダウン側が大きくフォロ一側が小さいスイングアークになります。

これに対し、タメができてレイトリリースになると、ダウン側が小さくフォロー側が大きなスイングアークになります。フォローに向かってヘッドスピードが上昇しながらボールをとらえるため飛距離がアップします。

つまり、ボディターンによってヘッドスピード自体をアップさせつつ、リリースを解き放つタイミングをインパクトにもっていくことも飛距離アップに欠かせないのです。

第5章

体幹スイングが身につく練習ドリル

1 体幹から動かすハーフスイング

この章では体幹スイングのマスターを早めるドリルを紹介していきます。

まずは時間差を感じる素振り。始動時にクラブヘッドが置いてきぼりになるように体幹の回転から動かし、ダウンスイングも体幹のリードでハーフスイングします。バックスイングもフォローも体幹がフルショットと同じくらい回り切ります。クラブの先端がとても重く、バックスイングもダウンスイングも先端が遅れて動くイメージでやってみましょう。

手から動かしていると右ヒジが伸び、ヘッドがインパクトを待たずして下りてしまう

始動でヘッドを置いてきぼりにし、ハーフウェイバックで体幹を右に向ける

POINT
手元はあと、クラブはさらにそのあとから下りてくる

2 右腕1本でヘッドを加速させる

最初は右腕1本から。P130でも説明したように、右腕の役目はリリースをタイミングよく解き、インパクトでヘッドを一気に加速させること。腕の力でクラブを振らないよう、テークバックとダウンスイングの始動の瞬間は必ず体幹の回転で動き出し、ヘッドが置いてきぼりになることが重要。ダウンスイングでは、ヘッドの重さでクラブが下りてくる感覚になります。

POINT

右手は使いやすいので手でクラブをコントロールしないことがポイント。慣れてきたらボールを打ってみる

ダウンスイングで
タメができるか確認

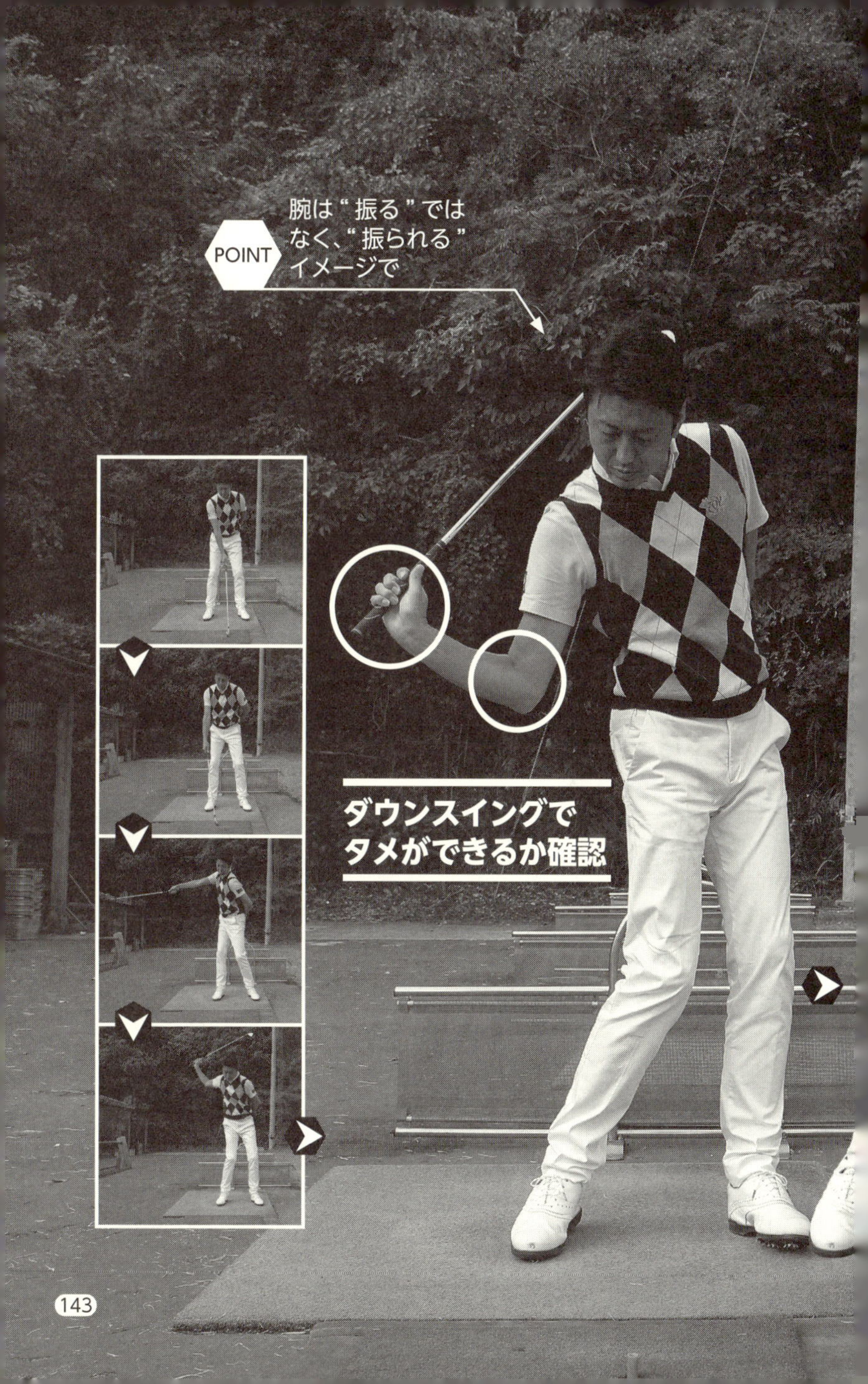
POINT
腕は“振る”では
なく、“振られる”
イメージで

3 左腕1本でクラブをコントロールする

右腕の次は左腕1本で振ります。左腕の役目はヘッドの軌道とフェース向きをコントロールすること。P98のドリルと合わせて、7ポイントでのフェース向きが開いたり閉じたりせず、スクエアを保ってスイングできているかどうかをチェックしながら素振りをしましょう。最初はスローモーションで動くのがおすすめです。

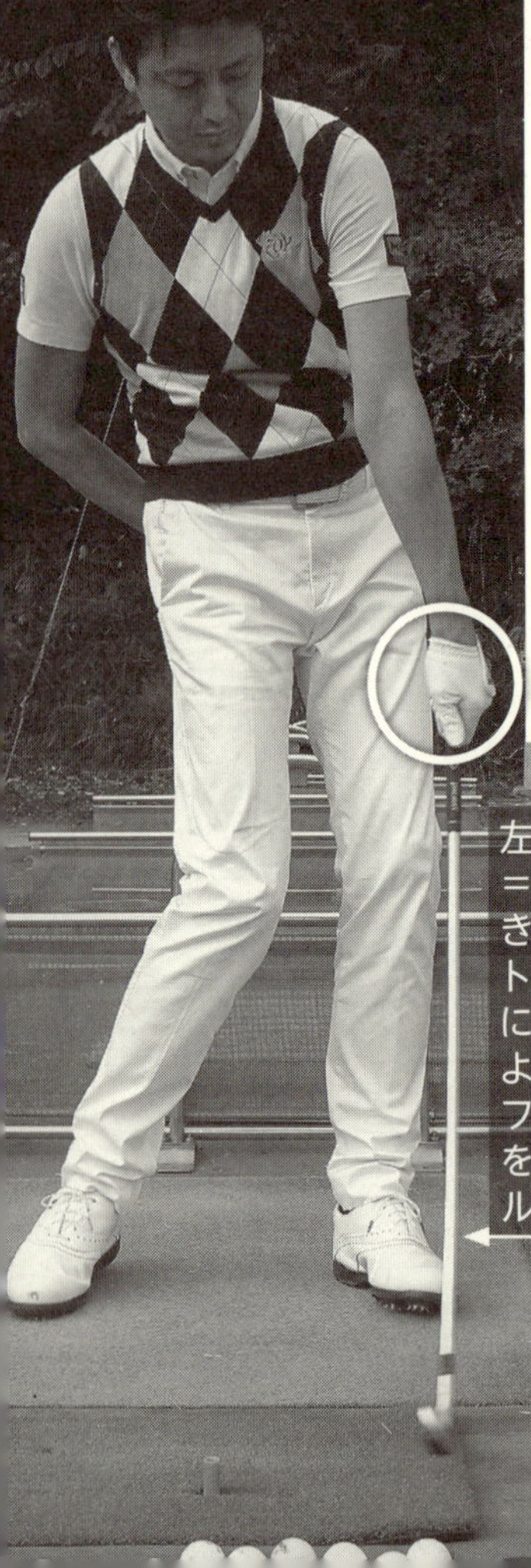

POINT
左手甲の向き＝フェース向き。インパクトでスクエアに当てられるよう左腕でフェース向きをコントロールする

インパクト〜フォローで左ヒジから先を回す

4 〝スイング三役〟を合わせる

この章の1、2、3ではボディターンと右腕、左腕を一旦切り離し各々の役目を学習しましたが、あらためて、〝三役揃い踏み〟でスイングすると驚くほど飛距離、方向性、ミート率がよくなります。速く振らずにゆっくりとスイング。体幹の回転と左腕のフェースコントロールと右腕のリリースを正確に行うように意識して素振りを繰り返してください。

POINT
曲げていた右ヒジと手首をボールに向かって一気に伸ばし解放する

手を使わずに振る感覚をつかむ

POINT ボディターンの先行、左腕のフェースコントロール、右腕のリリースを意識

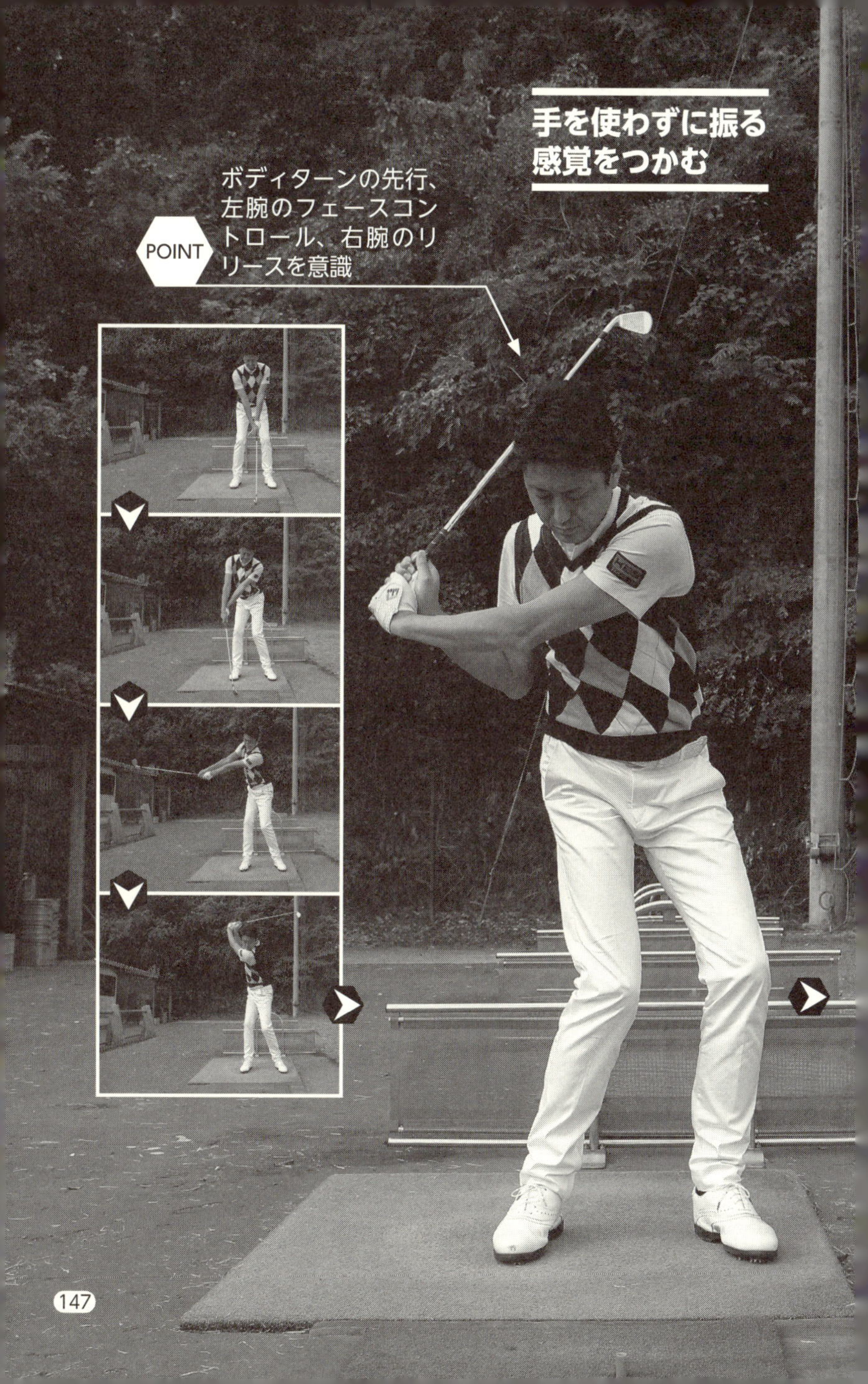

5 フォローの位置から始動する連続素振り

テークバックでは腕力を使わず体幹の回転でヘッドを動かしはじめるのが理想。でもクラブヘッドは重いので意識しつつもつい上体の力で動かしがちです。そこでおすすめなのがクラブを一旦フォローの位置まで上げ、ヘッドが自重で落ちてくる勢いを利用してテークバックを始動するドリルです。クラブが振り子のように勝手に動くのに合わせてボディターンを入れると、腕は、〝振る〟というより、〝振られる〟感覚になりヘッドの走りを体感できます。

POINT

フォローから振りはじめるとスイング軌道が安定。ヘッドの重さを感じて振れる

一旦フォロー側にクラブを振り出して始動

6 動きながら連続でボールを打つ

連続素振りを紹介しましたが、応用してボールを打ってみましょう。写真のようにボールを並べ、打ちはじめたらアドレスで一旦止めずに、フォローからそのままバックスイングして、手前から順にポンポンと打っていきます。オートティの練習場なら、出てきたボールを3球くらい連続して打ってもOKです。

スイングで難しいのは静止状態から打つこと。動きながら連続して打つと、慣性にまかせてクラブが動くので、ヘッド軌道が安定して考えているよりやさしく打てることがわかります。

POINT
速く振る必要はなし。自分のリズムで一球一球体幹を使って打つ。打球の行方より動きを覚える

一定のリズムで ポンポン打つ

打ちながらボール位置に合わせて少しずつ前進する

7 極端に左に置いたボールをダフらずに打つ

体幹スイングで打つには右手の力みを抑えること。アマチュアの方はダウンスイングでこれができず、手首がほどけてアーリーリリースになりやすい。これだとせっかくのボディターンが台無しなのでドリルで矯正しましょう。

使用クラブはアイアン。下の写真のように極端に左に置いたボールをダフらずに打つには、レイトリリースにならないと打てません。ポイントは右ヒジをボールの上までズラし、ヘッドをできる限り遠くへフォローするイメージです。

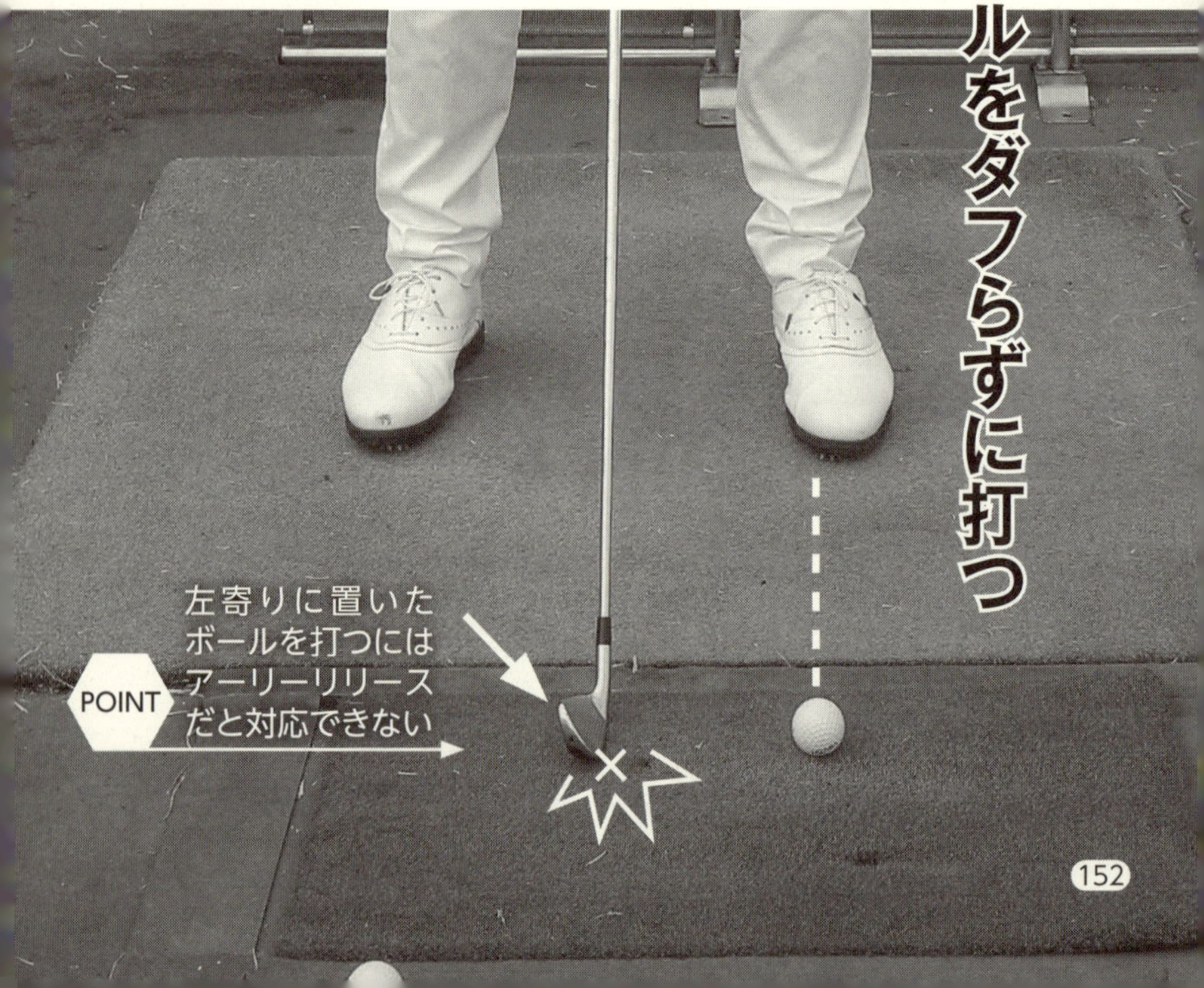

POINT
左寄りに置いたボールを打つにはアーリーリリースだと対応できない

フォローではヘッドをできる限り遠くに出す

ボールを打ちにいかず リリースを遅らせる

POINT 体幹の回転をフルに使って右ヒジをボールの上にズラす

8 ボールの後方のティに触れないように打つ

アーリーリリースになるとヘッドが下から入りダウンブローでは当てられません。ボールの後ろにティがある状態で打つと、これを避けようとしてヘッドを上から入れることができます。

写真のようにティのワングリップほど先にボールを置き、ヘッドがティに当たらないようにクラブを下ろして打ちましょう。30〜50ヤードのアプローチからはじめてティに当たらずに打てるようなら、アイアンのフルショットまで挑戦してみましょう。

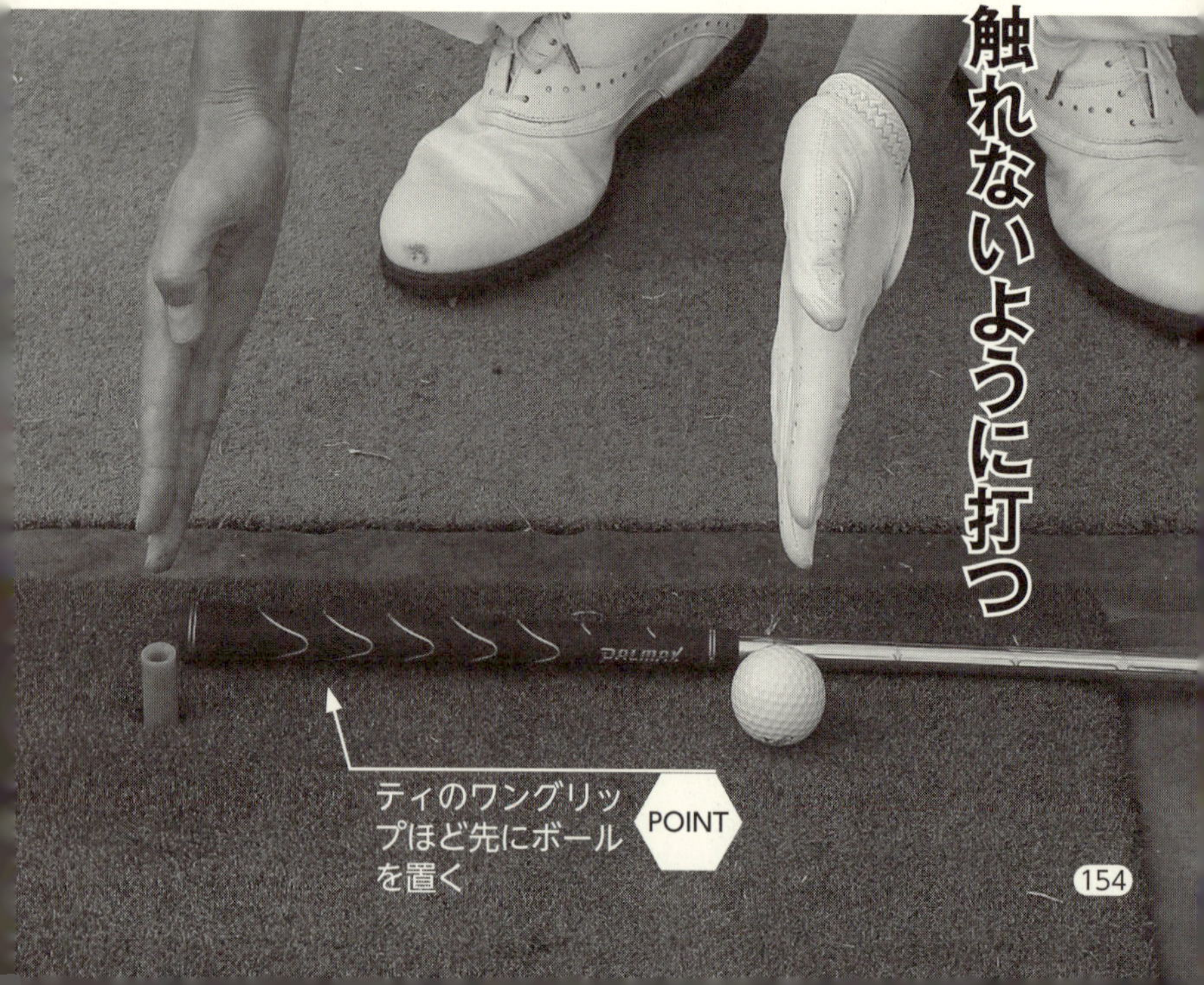

POINT ティのワングリップほど先にボールを置く

レイトリリースで ヘッドを上から入れる

POINT テークバックは“低く長く”なのでティに当たってもよい

POINT ティの真上を通り、ダウンブローにボールを当てる

体幹スイング COLUMN 3

地味でも効果が出る 2つのスイングチェック法

地味ですが、習慣づければ必ず成果が出る練習があります。

ひとつは鏡で自分の動きをスローモーションでチェックすること。「バックスイングでおヘソも胸も右を向いているか」→「切り返しでは、胸が右を向いたまま腰まわりの体幹だけが正面に戻っているか」→「肩と腰の捻転差をキープして回り、腰が開いて肩が開かないインパクトになっているか」→「捻転差が解けて肩と腰が目標を向いているか」といったことを、クラブを持たなくてもよいので、スローモーションで鏡の前で動きながら確認しましょう。

もうひとつはクラブで重いものを押すこと。

ヘッド側を持ち、グリップ部分で椅子や、できればちょっと頑張れば動くような重いものを押すのがおすすめ。手や肩を使わず、体幹で押していけるかを確認します。テークバックでも同じ。どこを使って動かしているかを日頃から認識しておくのです。

第6章

日常の心がけで体幹を使えるようにする

1 お腹まわりに腕が振られるように歩く

同じ歩くのでも、お腹を使うようにすると体幹が動くようになります。

歩くときには誰しも左右の肩が順番に前に出ますが、その動きをお腹の力を使ってやるイメージ。体幹スイング同様、腕を振るのではなく体幹が回転することで結果的に腕が振れるようにするわけです。

こうするとお腹まわりの筋肉を使うので、慣れないうちは歩くだけで軽い筋肉痛になります。

お腹まわりで肩と腕を動かすイメージ

POINT
でんでん太鼓のように中心が回転することで腕がブラブラと振れる

2 お尻の筋肉を意識して動かす

本書でいう体幹とは、お尻まで含めた部分。お尻の筋肉も普段はほとんど使われていないので積極的に動かすように心がけましょう。

簡単なのは立った状態で片足を上げ、軸足を中心に体幹をひねること。正面にプリプリっと左右のお尻を見せる感じです。

右足を上げて左にひねると右尻、左足を上げて右にひねると

“お尻プリプリ”で大臀筋を使う

左尻が前に出るように体幹をひねります。なにかをまたぐときにこの体勢を意識するのもいいでしょう。何回もやっていくうちに誰もが不器用な体幹も思いどおりに動かせるようになります。

POINT

足を上げ、上げた側のお尻を正面に見せるようにすると体幹がひねられる

なにかをまたぐときにもこの動きを意識する

3 ストレッチのときに体幹を意識する

動かし慣れていない体幹をいきなり強く動かすと筋肉を傷めることもあるので、ストレッチで十分に可動域を広げておくのが得策です。

練習をはじめる前やラウンドの前に写真のようにして体幹の可動域を広げておくだけで、いつもより飛距離が伸びたり、ミート率が上がったりします。

体幹の可動域を広げよう

POINT

体幹部の可動域を広げることで肩と腰の捻転差がより大きくなる

4 寝転がって体幹ストレッチ

真のボディターンスイングではバックスイング時に体幹がねじれることはありませんが、切り返しの瞬間は腰から回転し、肩が置いてきぼりになるため体幹がねじれます。

ねじれる量が大きいほど体幹のパワーも大きくなりヘッドスピードが上がります。

〝体が硬いんだよね〟とあ

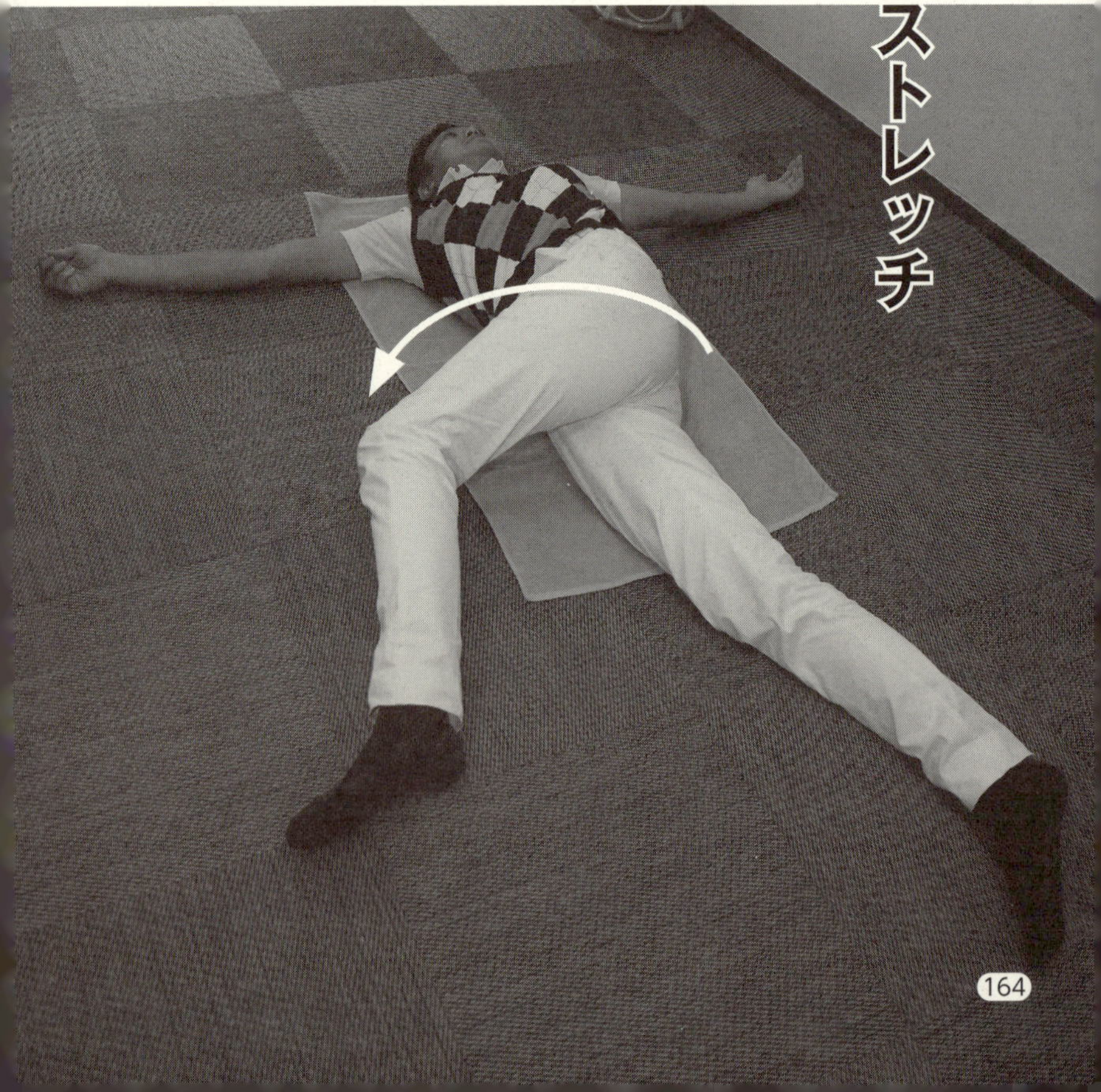

きらめずに、毎日お風呂上がりに少しずつストレッチを続けてみてください。

どんなに硬い方でも2週間ほどで飛距離アップやミート率の変化を実感できるはずです。

体幹を意識して左右にねじる

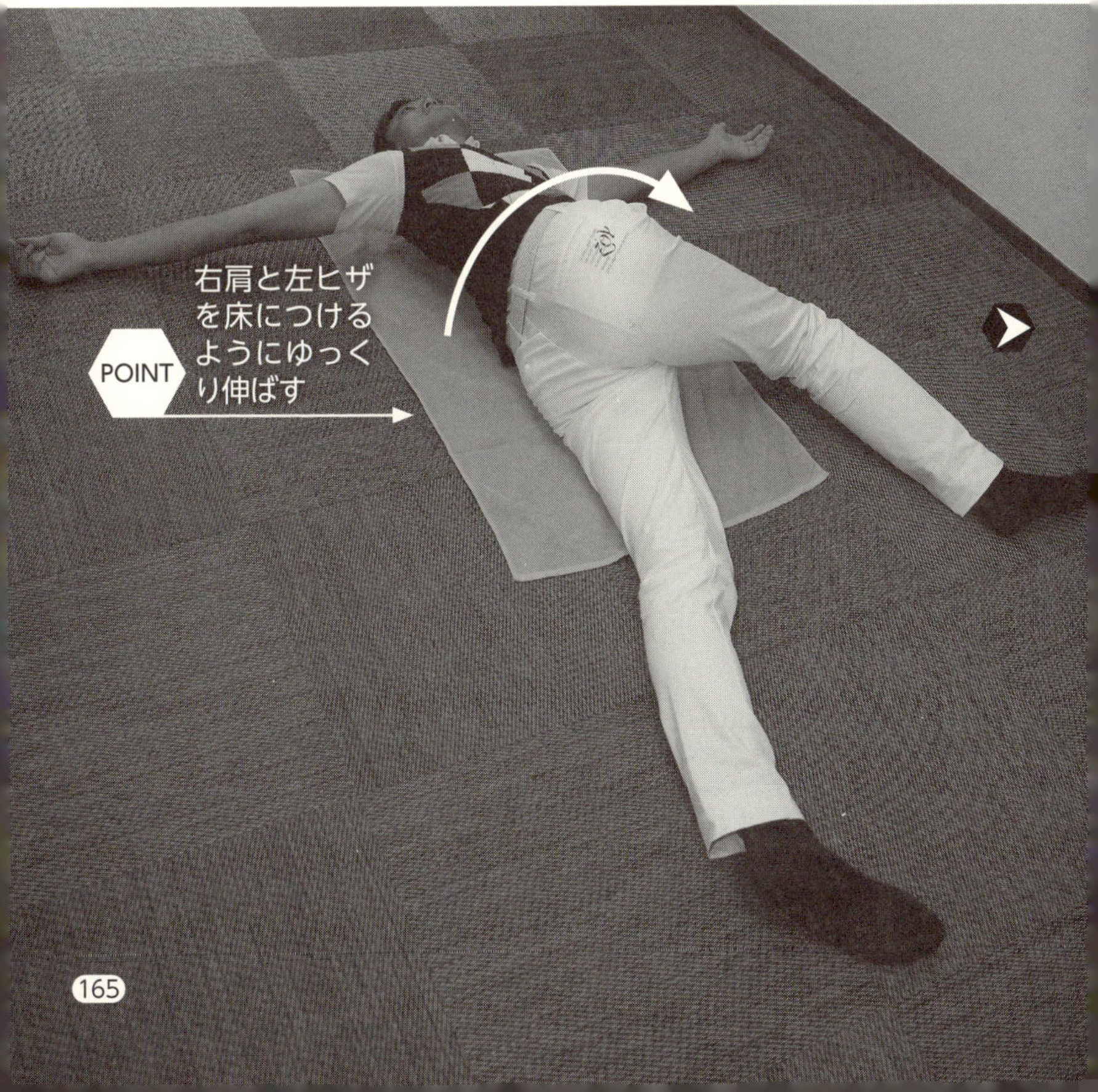
POINT
右肩と左ヒザを床につけるようにゆっくり伸ばす

POINT
体幹を左に回してカベに両手をつく

5 背後のカベに両手でタッチ

ここからは体幹スイングにダイレクトに反映される運動で体幹を動かしていきましょう。

まずはカベに背を向けて立ち、両手のひらが正面を向くようにして胸の前に両手を上げます。そのまま体幹を右に回し、両手のひらをカベにつけましょう。次に体幹を左にひねって同じようにする。

肩と腕だけを動かすだけでは両手をカベにつけることはできませんが、体幹ごと動かせばつくようになります。

体幹ごと振り向いて両手でカベをタッチ

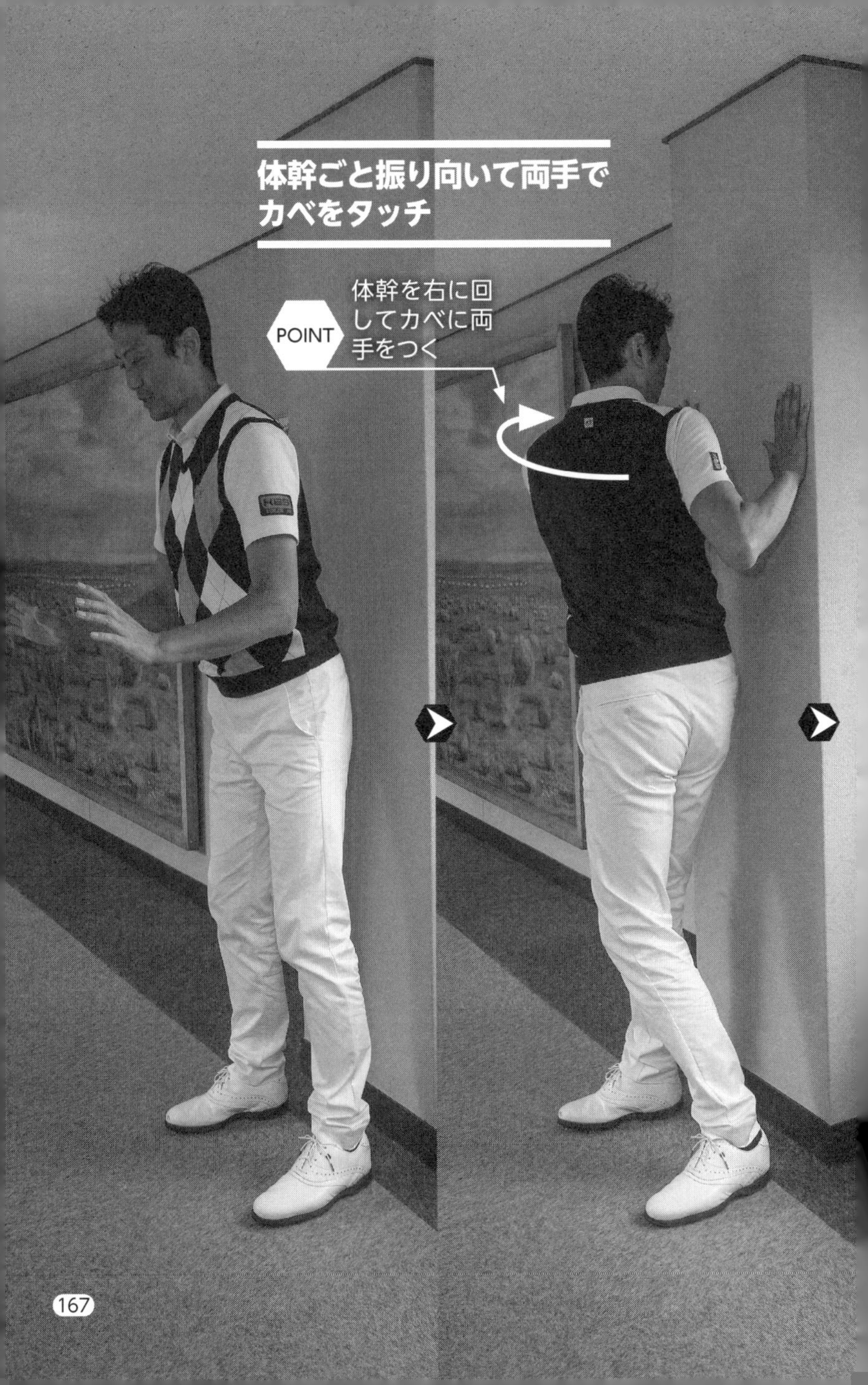
POINT
体幹を右に回
してカベに両
手をつく

6 正しく体幹が動くとお尻はカベに当たらない

前項では直立して体幹を回しましたが、それをさらにスイングに近づけます。

カベを背にして立ったらアドレスの姿勢をとり、お尻がカベにギリギリ触れないところまで近づきます。腕は体の前で交差させておきましょう。

あとはバックスイングのイメージで右へ、ダウンスイング~フォローのイメージで左へ体幹を回す。このとき腰を後ろに引くようにして回転すると、パワーロスになります。カベにお尻が触れずにトップからフィニッシュまで体幹を回せたら合格です。

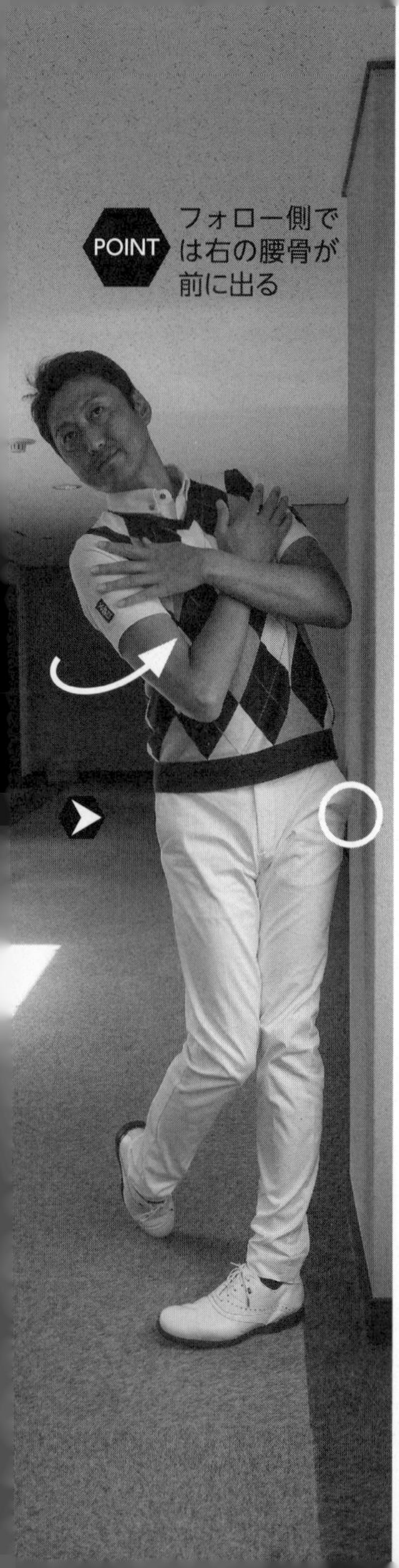
POINT
フォロー側では右の腰骨が前に出る

体幹が動けば腰は引けない

POINT
カベとお尻がギリギリのところで構える
POINT
バックスイングでは左の腰骨が前に出る

7 左手を使うだけで最強のゴルファーになれる!?

第3章でも述べましたが、スイングでは左手が重要。とはいえ、利き手とは逆なので不器用です。

左手が動くようにするには、普段から習慣的に左手を使うこと。スマホの操作、歯を磨くとき、荷物を持つときなど、いつも右手を使ってやっていることを左手でやるのです。体幹にしろ左手にしろ、不器用なところを器用に動かせられれば、びっくりするくらい飛んで曲がらなくなります。ゴルフは左利きが有利といわれるのはそのため。左書き、右投げの人は最強のゴルファーになれます。

POINT スマホや携帯電話の操作も左手で行う

普段から左手を使うだけでOK

POINT ラウンド中も左手を使うことで不器用な左手が効果的に動くようになる

8 左手の親指を立てて左右に倒す

ボディターンができても右に曲がるスライサーのほとんどは左手が使えていません。ということで、最後にもうひとつ左手のトレーニングをご紹介します。

といっても簡単で、左手の親指を立てた、いわゆる〝サムアップ〟の形を作り、体の前に腕を伸ばします。できたら親指が左右に倒れるようにヒジから先を回します。これを1日30回やれば左手のコントロール感が出てきます。あとはこの動きをスイングに取り入れるだけです。

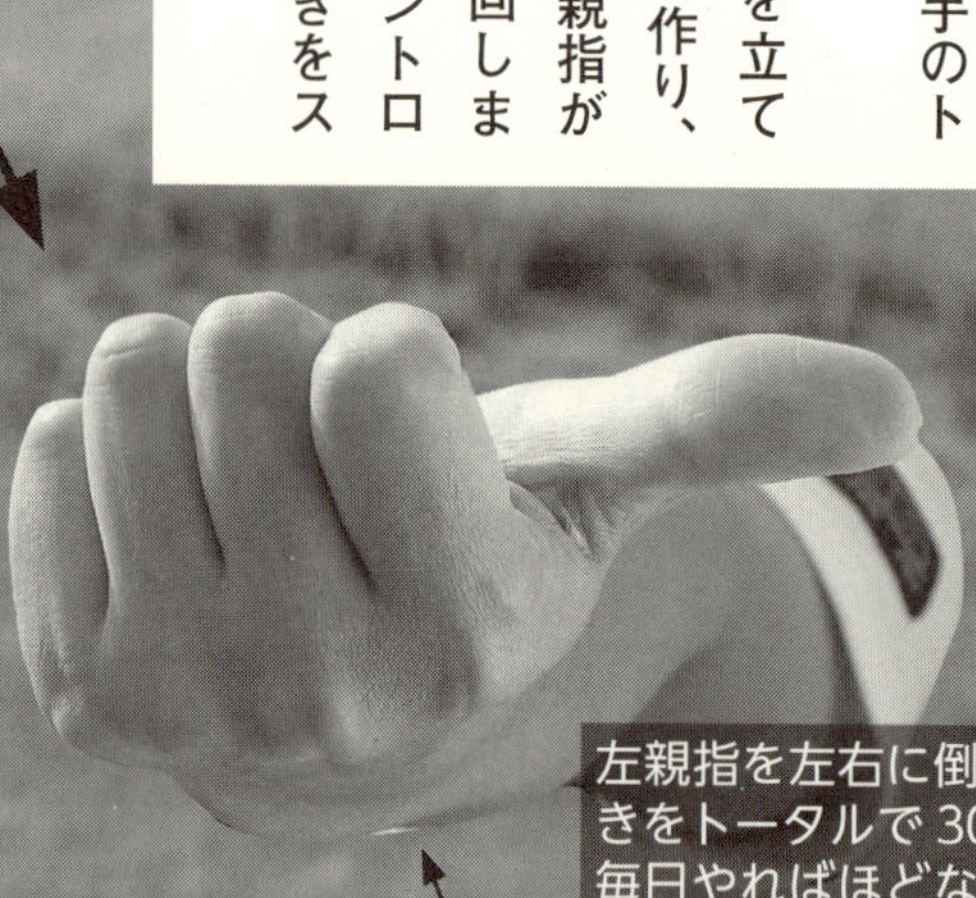

POINT

左親指を左右に倒す動きをトータルで30回。毎日やればほどなく左手がコントロールできるようになる

左ヒジから先を回す

おわりに

体幹スイングとはなにか？　また、そのメリットや身につけ方について、できる限りシンプルに説明させていただきました。きっとご理解いただけたことと思います。

ラストメッセージとしてひとつ。体幹スイングをモノにできたかどうかは、ハーフショットのフォームに表れます。終始体幹を使うハーフショットは、おヘソからクラブが生えた状態をキープしてはじめて成立します。

こうならない人は手打ちの疑いありです。体幹の動きが不十分な場合はフルショットよりも不安定になる。本書をよく理解していただき〝真のハーフショット〟を身につけることがとても大切です。

ゴルフを車の運転にたとえると、真っすぐできれいに舗装された道路ばかりではありません。坂も砂利道もある。デコボコ道や急カーブ、濡れた路面もあります。だから容易にスピードは出せません。いいかえれば、ラウンド中はほぼフルショットはできないということ。にもかかわらず、みんな傾斜でも悪いライでも狭いホールでも、アクセル全開でフ